도박하는 인간
Homo Aleator

문화연구 • 17

도박하는 인간
Homo Aleator

이경희
조성애
김성현
이경희
유봉근
박동준

한국문화사

문화연구 •17
도박하는 인간

1판1쇄 발행 2016년 5월 30일

지 은 이 이경희 · 조성애 · 김성현 · 이경희 · 유봉근 · 박동준
펴 낸 이 김 진 수
펴 낸 곳 **한국문화사**
등   록 1991년 11월 9일 제2-1276호
주   소 서울특별시 성동구 광나루로 130 서울숲 IT캐슬 1310호
전   화 02-464-7708
전   송 02-499-0846
이 메 일 hkm7708@hanmail.net
홈페이지 www.hankookmunhwasa.co.kr

책값은 뒤표지에 있습니다.

ISBN 978-89-6817-373-8 93330

2014년 한국보건사회연구원 조사에 의하면 술, 마약, 도박, 인터넷이라는 4대 중독 늪에 빠진 사람이 전국적으로 600만 이상으로 추정된다. 이 수치는 한국인 8명 중 1명이 중독자라는 것을 의미한다. 특히 도박 중독은 심각한 상황인데, 현재 대한민국은 도박공화국이라고 불릴 정도로 10대 청소년부터 대학생 그리고 중년에 이르기까지 한탕주의 대박 환상에 빠져있다. 지금 한국인들에게 도박 관련 뉴스는 더는 낯설거나 충격적인 것이 아니다. 연예인이나 스포츠 스타, 기업대표의 도박 사례나 도박 금액의 규모는 언론매체를 통해 끊임없이 보도된다. 도박 금액의 규모는 매년 10조원씩 증가하여 이미 100조원을 돌파한 것으로 추정된다. 이처럼 사회현상의 측면에서 도박은 가장 뜨거운 사회적 관심사 가운데 하나이다.

매체의 발전과 상업자본주의의 결합은 도박에 폭발적인 시너지업을 가져왔다. 도박에 대해 한쪽에서는 심각한 사회현상으로 간주하면서 끊임없이 충격요법과 함께 자극적인 부정적 평가를 퍼붓는다. 그러나 다른 한쪽에서는 사행산업이 사회의 열악한 계층에 재정적 도움을 주는 일이라며 이를 장려하는 홍보방송을 하면서 은연중에 도박을 권장한다. 현대사회에서 이렇게 이중적 관리의 대상으로 존재하는 도박은 현대의 공간을 삼키는 괴물로 급성장하고 있다. 이런 기현상을 이해하려면 도박을 새롭게 조명해야 할 때라고 본다.

소수 도박 중독자의 부정적 폐해에만 주목하는 사회병리학적 접근이 실제로 도박 중독의 근절을 가져왔는지에 대해서는 의문의 여지가 있다. 더욱이 현실의 도박 파급력을 보여주는 통계자료들을 보면 이런 접근이 실패로 여겨질 수밖에 없는 것 같다. 도박의 실체에 대한 심층적 이해 없이는 중독 예방과 치료에도 한계가 있다고 본다. 그런 점에서 근본적이며 총체적인 인간의 삶에 대한 조망을 통해, 인류역사와 함께해 온 도박의 참 모습을 들여다보고자 하는 인문학적 시각이 요청된다. 이 책은 도박에 대해 이제까지 시도되지 않았던 전방위적이고 심층적인 인문학적 접근을 통해 지금까지의 개별적이고 국소적인 연구를 넘어서는 새로운 토양을 제공하고자 한다. 이 책에 실린 6편의 글이 이러한 첫 발걸음을 조심스럽게 내딛으면서 이 분야에서의 초석을 놓는 데 기여하게 될 것이라고 믿는다.

「호모 알레아토르Homo Aleator : 우연과 확률의 門 사이에서」, 이 글은 도박의 본성에 대한 논의가 삶의 본성에 대한 철학적 성찰과 밀접한 관련을 맺고 있다는 점을 보이고자 한다. 이를 위해 도박이 현대사상과 과학, 문화와 사회현상의 주요한 맥락을 해석하는 데 주요한 핵심적 특성을 공유하고 있음에 주목하고자 한다. 특히 도박의 특성을 '우연'과 '확률' 개념에 기초해 논의하고 있는 점에 초점을 두고 도박을 제대로 이해하기 위해서는 어떤 관점을 채택해야 하는지 탐구해보고자 한다. 우연이나 확률 개념은 인간과 세계를 이해하는 주요 장치로 논의되어 왔으며 따라서 도박의 본성을 이해하는 일이 존재의 본성에 대한 이해와 결코 무관하지 않음을 몇 가지 사상적 배경을 통해 살펴보고자 한다. 이러한 탐구를 통해 도박에 대한 단순히 병리학적이거나 사회학적인 관점을 넘어서는 철학적 관점의 의미를 모색해 보고자 한다.

「도박과 돈」에서는, 도박의 본질을 오락과 금전 추구라고 보는 시각, 또는 금전 추구보다 존재론적 안전성을 찾기 위한 시도로 보는 상반된 시각이 존재한다는 점에서 도박과 돈이 '관계있다'와 '관계없다'의 단순한 논리를 벗어나 돈에 대한 심층적 이해를 통해 도박과 돈의 새로운 관계를 탐색하고자 한다. 돈이 심리적 보상이거나 억압된 욕망의 투사라고 보는 심리학적 시각은 도박과 돈의 관계에 대해 개인의 병리적 차원에 그치며 집단적, 사회적 차원에서의 돈에 대한 이해가 부족하다는 한계점을 보인다. 도박에 대한 새로운 관점을 보여준 거다 리스의 경우, 도박의 본성이 금전적 추구가 아니라 스릴과 흥분이라고 하지만, 이는 현대에 와서 중하층이나 근로자 계층이 도박에 더 빠지는 이유를 설명하기에는 역부족이다. 돈에 대해 다시 생각하는 다양한 새로운 시도가 오히려 도박에 대한 새로운 접근방법을 제시한다고 본다.

「놀이의 유혹 - 세기전환기 오스트리아 문학텍스트에 나타난 놀이의 양상 연구」는, 도박을 포함한 여러 놀이가 사회를 이해하는 중요한 문화적 현상이라는 점에서 논의를 시작하는데, 놀이의 가치를 설명한 요한 하위징아와 놀이의 성격을 체계적으로 규정한 로제 카이와의 논의를 중심으로, 커다란 '문화적 변혁기'로 평가받는 세기전환기 오스트리아 수도 빈의 놀이와 문화가 오스트리아 작가들의 문학텍스트에서 어떻게 형상화되고 있는지 살펴보고 있다. 특히 아르투어 슈니츨러와 슈테판 츠바이크의 문학텍스트 속에 나타난 놀이 '미미크리', '아곤', '알레아'에 대한 분석을 통해 시대의 사회문화에 대한 고찰을 보여주고자 한다.

「언어적 세계상에서의 놀이와 도박 : 러시아어와 한국어를 중심으로」는 놀이와 도박이 언어에서 개념화되는 과정을 통해, 특히 놀이와 도박이 태생적으로 동일한 바탕에서 출발했지만 언어권에 따라 상이한 방향으로 수용되고 하나의 범주 안에서 갈라지는 양상을 보이는 과정을 통해 해당 현상에 대한 민족 고유의 시각을 알아보고자 한다. 일반적으로 노름이나 도박은 운이나 우연에 의한 승패뿐 아니라 돈을 걸고 하는 내기를 전반적으로 지칭하지만, 러시아어에서는 운에 의해 순전히 승패가 결정되는 게임만을 도박이라 규정한다. 운에 의존하는 도박의 예측불가능성과 미지의 운명과의 결투 등의 속성은 러시아 특유의 사회체제와 귀족문화가 결합해서 19세기 러시아 문학에서 독특한 도박의 유형을 창조한다. 당시 도박게임에서 중요한 것은 이긴다는 실용적 목적보다 운명에 계속 도전을 한다는 것이었다.

「도박, 범죄, 정신분석의 영화적 사유실험 - 프리츠 랑의 무성영화 <마부제 박사> 연작을 중심으로」는 다중역할을 수행하는 분열적 인물을 다룬다. 정신분석학 교수이며 도박꾼인 마부제 박사는 불확정적인 상황과 우연의 세계에서 극단적인 삶을 유희한다. 마부제 박사를 통해 무성영화 시대, 빛과 어둠, 범죄와 공권력, 지식인과 범죄자, 과학과 정신분석의 주제들을 영화화한다. <마부제 박사> 시리즈는 정신분석학의 중요한 성찰 영역인 도박, 범죄, 정신분석에 관한 지적 담론을 당시의 첨단 미디어였던 영화를 통하여 확대 재생산하고 논쟁의 차원으로 끌어올린다.

「포커, 예술작품을 위한 영감인가 혹은 악의 산물인가?」에서는, 포커를 비롯한 카드게임은 여가를 위한 흥미진진한 게임이자 진정한 뇌 스포츠로 간주되기도 하며, 또한 많은 예술가의 영감을 자극하는 뮤즈이기도 하다. 그러나 서구 예술사에서 모든 도박의 중심소재였던 카드게임은 방탕과 악의 관점에서도 표현되어왔다. 이 글에서는 예술 소재로서의 카드게임 특히 포커게임이 지닌 이런 양면성을 카라바조의 '사기꾼'과 라 투르의 '다이아몬드 에이스를 가진 사기꾼', 세잔의 '카드놀이꾼', 이 세 회화작품을 통해 살펴보고자 한다.

■ 차례

■ 머리말__5

**호모 알레아토르(Homo Aleator) :
우연과 확률의 門 사이에서**__이경희 ——————————— 13

1. 들어가는 말 ———————————————— 13
2. 도박에 대한 현대사회의 이중적 관리 ——————— 17
3. 관점의 이동 ———————————————— 29
4. 우연에 대한 확률의 태도 ————————————— 31
5. 도박과 삶 ————————————————— 36

도박과 돈__조성애 —————————————— 41

1. 들어가기 ———————————————————— 41
2. 도박 동기와 돈 ————————————————— 44
3. 도박과 돈의 관계 : 심리학적 측면과 존재론적 측면 ——— 46
4. 돈 다시 읽기 : 돈의 기원과 원형적 이미지 ————— 55
5. 매개자로서의 돈과 대안화폐의 등장 ——————— 62
6. 나가기: 돈에서 도박으로 ———————————— 66

**놀이의 유혹-세기전환기 오스트리아 문학텍스트에
나타난 놀이의 양상 연구**__김성현 ————————— 71

1. 들어가는 말 ———————————————— 71
2. 미미크리의 유혹
   - 아르투어 슈니츨러의 『초록 앵무새』 ——————— 76
3. 아곤의 유혹- 슈테판 츠바이크의 『체스』 —————— 83
4. 알레아의 유혹
   -아르투어 슈니츨러의 『여명 속의 도박』 —————— 92

5. 나가는 말 —————————— 102

**언어적 세계상에서 놀이와 도박:
러시아어와 한국어를 중심으로**_이경희 ————— 107

1. 들어가는 말 —————————— 107
2. 놀이와 도박 —————————— 109
3. 러시아어 언어적 세계상에서 놀이와 도박 ——— 120
4. 한국어 언어적 세계상에서 놀이와 도박 ——— 129
5. 나가는 말 —————————— 135

도박, 범죄, 정신분석의 영화적 사유실험_유봉근 ————— 139

1. 서론 ————————————— 139
2. 가정하며 사유하기 - 철학과 물리학의 사유실험 — 141
3. 예술적 사유실험 - "만일 그렇다면 어떻게
   될 것인가?" - 티코 브라헤 ——————— 144
4. 도박사 마부제 박사 ————————— 151
5. 지식의 축적과 성장에 관하여 —————— 162

**포커, 예술작품을 위한 영감인가
혹은 악의 산물인가?**_박동준 ——————— 165

1. 모든 예술가를 위한 진정한 뮤즈인 포커! ——— 167
2. 포커는 회화에서 영감의 샘 —————— 174
3. 결론 ————————————— 184

■ 찾아보기__186
■ 저자 약력__190

호모 알레아토르 Homo Aleator
-우연과 확률의 門 사이에서*

1. 들어가는 말

현대 사회의 시민들에게 도박은 뉴스를 통해 접하는 대표적 사건 사고 가운데 하나로 이제는 낯설거나 충격적인 것이 아니다. 연예인이나 스포츠 스타, 기업대표의 도박 사례나 도박 금액의 규모는 우선 가장 자극적인 형태로 언론매체를 통해 끊임없이 시민에 노출된다. 도박 금액의 수직적인 상승 규모도 끝없이 치솟고 있지만, 수평적인 사회구성원들로의 확대 측면에서도 도박행위는 일상의 저변으로 빠르게 침투하고 있다. 이제 그 실태조사에서 대학생들도 주요 조사대상으로 떠오를 만큼 사회현상의 측면에서 도박은 가장 뜨거운 사회적

---

* 이 글은 2015년 10월 24일 연세대학교 유럽사회문화연구소 정기학술대회에서 발표한 자료를 수정 보완한 것임.

관심사 가운데 하나로 자리 잡았다. 매체의 발전과 상업자본주의의 결합은 폭발적인 시너지업을 가져왔다. 범죄의 문제로 치부되는 현상만 넘쳐나는 것이 아니다. 소시민들도 주말마다 로또를 사며 한 주일의 위안을 함께 산다. 문제는 이런 사회적 현상으로의 두드러진 부각이 그저 가치중립적이거나 단순 기술의 대상으로, '아, 그렇구나'의 측면에서만 소진되고 있는지의 여부이다. 한쪽에서는 큰 문제라고 끊임없이 충격요법과 함께 자극적인 부정적 평가를 퍼붓는다. 그러나 열기는 금방 식어버리고 또 다른 충격적인 사건이 반복적으로 등장한다. 한쪽에서는 복권이 사회의 열악한 계층에 큰 도움을 주는 일이라며 장려하는 홍보자료를 방송하며 은연중에 도박을 장려한다. 도박은 현대사회에서 이렇게 이중적 관리의 대상으로 존재한다.

이제 우리는 도박을 새롭게 조명해야할 시점에 섰다. 하늘 아래 새로운 것이 없듯 언제나 있어왔던 현상이라고 치부하기에는 도박은 현대사상과 과학, 문화와 사회현상의 주요한 맥락을 함께하며 우연의 일치라고 하기에는 너무나 빠르게 현대의 공간을 삼키는 괴물로 성장하고 있다. 그리하여 도박은 단순히 괴물로 머물 것인지의 기로에서 이 시대에 어울리는 새로운 해석을 기다리고 있다. 도박은 현대 사회의 큰 퍼즐 조각 가운데 하나이구나 하는 관조적인 관찰자의 입장에서만, 젠체하는 스노비스트의 관점에서만 읽힐 것인가? 이제 괴물은 새 시대에 걸맞는 분류와 해석을 통해 새로운 진정한 초모던적 hyper-modern(저자 조어) 상징으로 거듭나야 할 것이다. 관건은 이러한 해석의 역할이 단순히 현상적 기술에만 주목하는 관점에서는 수행되기 어렵다는 것이다. 정부나 경제계의 은밀한 부추김도 의료계 등 병리학적 관점에서 소수 중독자의 부정적 폐해에만 주목하는 관점에서 도 도박의 실체를 이해하는 것에는 한계가 있다. 심지어 도박 근절에 목표를 두고 이런 소수 중독자만을 주목하는 방식이 실제 도박의 근절을 가져왔는지에 대해서는 의문의 여지가 존재하고 현실의 도박 파급력을 보면 이런 접근법은 실패일 수밖에 없음을 압도적으로 보여주는 통계자료가 더 많은 실정이다. 지금까지 언제나 그래 왔듯이 이러한 관점들은 일시적으로만 작동하거나 실제 목표가 한정적인 단편적인 호들갑에 그칠 뿐이다. 따라서 이번 기획은 인문학자만이 도달할 수 있는 근본적이며 총체적인 인간의 삶에 대한 조망을 통해 인류역사와 함께해 온 도박의 참 모습을 들여다보고자 하는 것이다.

도박의 본성에 대한 논의는 삶의 본성에 대한 철학적 성찰과 밀접한 관련을 맺는다. 이 글은 도박이 현대사상과 과학, 문화와 사회현상의 주요한 맥락을 해석하는 데 주요한 핵심적 특성을 공유하고 있음에 주목한다. 특히 이 글에서는 이런 특성 가운데 도박의 특성을 '우연'과 '확률' 개념에 기초해 논의하고 있는 점에 주목하여 과연 도박을 제대로 이해하려면 어떤 관점을 채택해야 하는지 탐구해보고자 한다. 우연이나 확률 개념은 인간과 세계를 이해하는 주요 장치로 논의되어 왔으며 따라서 도박의 본성과 존재의 본성에 대한 이해가 결코 무관하지 않음을 보일 수 있는 여러 사상적 배경을 드러내보이고자 한다. 이를 통해 도박에 대한 단순히 병리학적이거나 사회학적인 관점을 넘어서는 철학적 관점의 의미를 모색하고자 한다.

도박에 대한 사회적이거나 병리학적 접근에는 한계가 존재한다. 현대사회의 도박에 대한 시선은 이중적이다. 병리학적 접근을 통해 의료계는 소수의 도박 중독자의 문제에 천착함으로써 질병, 해악 나아가 범죄 등 비정상적인 현상으로서 도박을 근절되어야 할 부정적 문제로 분류한다. 정부와 경제계는 여러 가지 이유에서 도박을 은밀하게 묵인하고 장려하기까지 한다. 부정적 시각만을 노출하는 것은 현상적 근절의 목표마저도 이루지 못하며 긍정적인 장려 역시 피상적인 탐색에서 스스로 모순의 지점을 해결하지 못하는 딜레마에 봉착하게 된다.

따라서 이제 철학과 인문학이 도달할 수 있는 근본적이며 총체적인 인간의 삶의 시야에서 인류역사와 함께해 온 도박의 참 얼굴, 진정한 내면을 들여다보고자 한다. 즉 도박의 전면에 등장하는 소수의 도박 중독자가 아니라 도박과 함께해 온 다수의 인류와 인간의 삶의 모습을 조망하고자 하는 것이다. 도박의 역사에서 주인공은 결코 부정적인 도박 중독자의 폐해가 아니며 또한 그 피폐함은 잉여일 뿐 결코 본질이 아니라는 점이다. 그리고 핵심은 도박 그 자체이다. 도박의 특성과 장소를 둘러싼 철학적 조망은 인간의 운명에 대한 더 근본적인 지점으로 우리의 생각을 이끌어간다. 이제 현대 사회에서 결코 배제할 수 없는 도박의 본성과 도박 경험의 뿌리를 철학을 둘러싼 사상사의 두드러진 장면에서 발견할 수 있음에 주목하여 이를 근본적인 학술적 성찰의 기회를 삼고자 한다. 도박은 유한한 인간의 복합성을 그 욕망과 표현에서 가장 집약적으로 압축시켜 놓은 모델이라 할 수 있다. 플라톤 이래 인간과 놀이, 삶과 우연의 공속의 문제는 인간에 대한 성찰에서 빼놓을 수 없는 주요한 쟁점이 되어 왔다. 단순히 놀이나 게임의 층위를 벗어난 더 상위의 삶의 총체성에 주목하여 도박이야말로 각 사상사의 장면 전환의 패러다임 변동의 주요 개념의 역사와 함께해

왔음에 관심을 두고 각 사상가의 논의와 이에 대한 비판적 글들을 함께 검토하고자 한다. 도박의 본성에 대한 논의는 삶의 본성에 대한 철학적 성찰과 밀접한 관련을 맺는다. 특히 이 글에서는 도박의 특성을 '우연'과 '확률' 개념에 기초해 논의하고 있는 점에 주목하여 우연과 확률에 대한 철학적 논의를 살펴보고자 한다.

2. 도박에 대한 현대사회의 이중적 관리

도박에 관해 새로운 관점이 필요하다고 생각되는 이유 가운데 하나는 도박을 대하는 현대사회의 관점이 이중적이라는 사실이다. 궁극적으로 들여다보고 분석해보면 어떤 사회현상이라도 하나의 관점으로만 해석할 수는 없겠지만 도박은 이 현상을 관리하는 태도가 사뭇 양립불가능해 보일 정도로 극단적으로 이중적인 행태를 보인다는 것이다.

한쪽의 사례만 보면 도박 중독의 위험을 강조하며 도박을 금지하는 것처럼 보이지만 또 다른 한편의 사회현상을 보면 도박을 장려하는 사례가 발견된다.

그림 1 [1]

이 그림의 로또는 대표적인 복권이다. 복권 역시 도박의 한 유형이며 복권의 역사와 그 활용은 대표적인 권장 사례 가운데 하나이다. 각 국가의 정부와 경제계의 묵인과 장려 아래 발행되는 복권은 도박이 무해한 투기가 아니라는 암시를 넘어 사회의 긍정적인 효과를 창출하고 있다는 점을 적극 홍보하기도 한다.

한국민족문화대백과 사전을 보면 복권lottery이란 "다수인에게서 금전을 모아 추첨 등의 방법으로 결정된 당첨자에게 당첨금을 지급하려고 발행하는 표권票券"이라고 정의된다.[2]

이 자료에 의하면 복권의 역사는 구약성서에서뿐만 아니라 기원전 63년 전까지 거슬러 올라가는 로마의 아우구스티누스 황제 당시에도 찾아볼 수 있었다고 말하며 한 기사에서는 이보다 더 오래 전 기원전 2635년부터 332년까지 존속했던 고대 이집트의 파라오 왕조에서도 유사한 복권이 있었음을 보여주는 유물이 발견되었다고 전하고 있다.[3]

2016년 4월 TV 드라마 가운데 도박을 주요 소재로 활용하고 있는 [대박]이라는 드라마는 조선의 숙종 시대를 배경으로 하고 있는데, 실제로 우리나라에서도 복권의 역사를 찾아볼 수 있다고 두 자료 모두 주장하고 있다. 사전에서는 막연히 예로부터 산통계의 일종인 작백계

[1] https://search.naver.com/search.naver?where=image&sm=tab_emr&query=%EB%A1%9C%EB%98%90&ie=utf8&viewtype=0&subject=1&neso=tv%3A1

[2] 한국민족문화대백과 사전, 한국학중앙연구원, http://terms.naver.com/entry.nhn?docId=576870&mobile&cid=46634&categoryId=46634

[3] 김민정 KDI 연구원 kimmj@kdi.re.kr, 한국경제신문, 2016, 03, 14 기사, (http://news.naver.com/main/read.nhn?mode=LSD&mid=sec&sid1=102&oid=015&aid=0003563056

나 작파계가 있었다고 하며 기사는 이를 좀 더 구체화해 조선 후기로 특정하고 제비뽑기의 일종인 이런 복권 전신 유형이 있었다고 말한다.

해방 이후 근대적 복권이 등장하고 있다는 데 대해서는 거의 의견이 통일된다. 1947년에 다음 해인 1948년의 런던올림픽 참가 경비를 조달하려고 '올림픽 후원권'을 발행한 것이다. 문제는 이러한 근대적 의미의 복권 발행이 공공재원을 마련하기 위한 것이었다는 점이다. 사전이나 기사는 이후 복권 발행이 산업부흥자금, 재해대책, 공공행사의 경비, 사회복지자금을 위한 것이었다는 내용을 전하고 있다. 정부가 주체가 되고 은행 등이 발행하는 유형의 복권은 실제로 공공자금을 확충하기 위한 가장 효율적인 장치로 활용된다는 각종 통계 자료도 쉽게 찾아볼 수 있다. 소외계층을 위한 문화사업에도 사용될 뿐 아니라 복권의 영향이 실물경제에까지 파급력을 가지고 있다고 진단하기도 한다.

근래 언론 보도에 따르면 사실상 이런 긍정적 측면에 가려진 부정적 이미지를 미리 불식하기라도 할 듯 '건전화'라는 평가 지표까지 등장하고 있다. "복권, 사감위 건전화 평가서 역대 최고 A+ 등급 달성."[4] 이 기사에 따르면 기획재정부 복권위원회와 복권통합수탁사업자 나눔로또는 사행산업통합감독위원회가 실시한 '15년도 사행산업 시행기관 건전화 평가'에서 전년대비 10.5점 상승한 88.2점(100점 만점 기준)을 기록, 역대 최고 성과인 A+ 우수등급을 획득했다고 31일 밝혔다는 것이다. 좀 더 자세히 읽어보면 이 건전화 평가는 국무총리실 산하

---

4 김자영, 스포츠서울 2016-03-31 기사.

사행산업통합감독위원회가 실시하고 있는 것으로서 합법 사행산업 7개 업종(카지노, 경마, 경륜, 경정, 복권, 체육진흥투표권, 소싸움), 9개 시행기관을 대상으로 건전성 증대 및 부작용 해소 노력 등을 평가하는 것이라고 한다. 다양한 캠페인 등을 통해 결국 복권이 '건전한' 여가 활동으로 정착될 수 있도록 노력했다는 나눔로또 측의 주장인 것이다. 따라서 나눔로또의 대표(양원돈 대표)는 "이번 건전화 평가를 통해 국민에게 복권사업 운영에 대한 신뢰를 얻은 것 같아 기쁘다"며 "앞으로도 더 우수한 세계적인 복권사업운영자로 성장할 수 있도록 박차를 가할 것이다"라고 말했다는 것이다.[5]

결국 이런 자료들을 통해 우리가 유추할 수 있는 것은 궁극적으로 여기서의 도박을 바라보는 관점이 건전한 여가와 사회 공공자금 확충이라는 긍정적 입장에 초점이 맞춰져 있다는 것을 알 수 있다. 이런 관점에서 보면 도박은 현실적으로도 결코 사라질 수 없는 것이고 사라질 필요나 이유도 없는 것이라고 할 것이다. 그러나 처음에는 건전한 여가라고 생각해 심심풀이나 재미로 시작한 도박은 심각한 부정적 덫의 함정이 기다리는 위험한 놀이일 수 있다는 주장이 동시에 제기된다.

---

[5] oul@sportsseoul.com
http://news.naver.com/main/read.nhn?mode=LSD&mid=sec&sid1=101&oid=468&aid=0000131971 [기사제보 news@sportsseoul.com] Copyright © 스포츠서울 &sportsseoul.com

그림 2[6]

---

6 https://search.naver.com/search.naver?where=nexearch&query=%EB%8F%84%
EB%B0%95%EC%A4%91%EB%8F%85+%EA%B3%B5%EB%AA%A8%EC%
A0%84&sm=top_sug.pre&fbm=1&acr=9&acq=%EB%8F%84%EB%B0%95%E
C%A4%91%EB%8F%85&qdt=0&ie=utf8

2015년 강원랜드 KL중독관리센터는 총상금 2200만원을 걸고 '2015 도박 중독예방 현상공모전'을 실시하였다. 지난해 10월, 40일간 도박 중독예방 포스터와 체험수기를 공모한 것이다. 이 공모전은 도박 중독 위험성을 알리고 건전한 게임문화 필요성과 중요성을 알리려는 것으로 대한민국 국민이면 누구나 참여할 수 있다고 홍보하였다. 도박 중독 체험 및 극복사례를 주제로 UCC(동영상), 포스터, 체험수기 등을 제출하는 것으로 100만원(포스터)에서 200만원(UCC)의 상금을 지급하는 것이었는데 12월과 2016년 1월에는 수상작 전시회를 개최하기도 하였다. '건전한 게임문화의 필요성'과 '도박 중독의 위험성'은 과연 양립 가능한 것인가?

공모전을 게시한 한 잡지의 기사에는 이 공모전 광고와 함께 "도박 중독이라는 것이 일반적이지는 않지만 커다란 사회문제입니다."라는 강원랜드 박지현 대리의 짤막한 문구의 인터뷰 글이 실려 있었다.[7] 과연 도박 중독과 건전한 게임문화의 경계는 어떻게 설정해야 할까? 도박 중독을 자가진단하는 지표 등을 심심치 않게 찾아볼 수 있지만 근본적으로 현실의 여러 뉴스는 그다지 효과적인 결과가 드러났다고 보기는 어렵게 한다.

과연 도박과 놀이의 경계는 어디인가? 도박죄의 성립 여건에 관한 자료들을 보면 이 의문은 더욱 커질 수밖에 없다. 한 신문 기사에 의하면 "우리 형법 246조 1항에선 도박을 한 사람은 1000만원 이하의 벌금에 처한다고 규정하고 있다. 다만 일시 오락 정도에 불과한 경우에는

---

[7] 강원랜드/박지현 대리 인터뷰에서(Campus Plus, 201510, 공모전 광고 2쪽)

예외로 한다고 했다. 2항에선 상습으로 제1항의 죄를 범한 사람은 3년 이하의 징역 또는 2000만원 이하의 벌금에 처하도록 했다. 여기서 도박이란 재물을 걸고 우연한 승부에 의하여 승자에게 이를 교부하는 행위를 행한 범죄를 말한다." 문제는 이 기사에서 지적한 것처럼 "형법은 도박행위와 달리 일시 오락행위인 경우에는 처벌하지 않고 있으므로 이들을 구별하는 판단기준이 필요하다"는 것이다.

기사에서 제시한 판단기준들을 살펴보면 우선 우리 형법은 속인주의를 택하고 있다고 한다. 따라서 외국 카지노에서 도박을 하더라도 처벌을 할 수 있다는 것이다. 그런데 그저 관광의 일환으로 카지노를 한두 번 드나든 경우에는 처벌을 하지 않는다. 처벌을 하는 것은 상습적인 경우 그리고 판돈의 규모가 큰 경우라는 것이다. 여기서 도박 규모와 관련해서는 경찰청 관련자료(도박 사범 매뉴얼)는 합계 10만원 미만은 처벌하지 않고 10만~20만원일 경우 입건은 안 하고 경찰서장 재량에 의해 즉결처분될 수 있다고 되어 있다. 여기서 처벌 기준으로서 도박 판돈 계산법은 다음과 같다고 한다. "가령 어떤 사람이 50만원을 걸고 2번 해서 한번은 잃고 한번은 50만원을 땄다고 하면 건 돈과 잃은 돈, 딴 돈을 모두 합쳐 200만원의 도박을 한 것이 되고 4명이 했다면 판돈은 800만원이 되는 것이다." 여기서 앞서 말한 강원랜드에서의 도박은 특별법에 의해 처벌받지 않는다는 점이 주목된다.[8]

---

8 한국스포츠경제 jhsong@sporbiz.co.kr 기사 참조.
http://news.naver.com/main/read.nhn?mode=LSD&mid=sec&sid1=102&oid=469&aid=0000098373

호모 알레아토르(Homo Aleator) 23

이런 규정들을 통해 우리가 주목하게 되는 것은 다른 곳에서도 언급되는 것으로서 처벌 규정의 모호성을 들 수 있다. 2015년 사회에 큰 물의를 일으켰던 프로야구 선수들의 도박 관련 기사 가운데 눈에 띄는 것은 바로 이런 처벌 규정과 관련된 것이다. 여기서 지적하고 있는 것은 우선 형법에서 "도박을 한 사람은 1000만 원 이하의 벌금에 처하고, 상습 도박을 한 것으로 인정될 경우, 3년 이하의 징역이나 2천만 원 이하의 벌금형에 처해질 수 있어, 처벌이 무거워진다"는 점이다. 문제는 여기서의 규정에 "일시적인 오락에 불과한 정도라면 예외로 한다"라는 점을 특히 거론하면서 법적으로 구체적으로 무슨 게임이 도박에 속하는지, 판돈은 대체 정확하게 얼마가 되어야 도박이 되는 것인지가 너무 모호하게 기술되어 있다는 점을 강조하고 있다. 결국 일상에서 많은 사람이 하는 화투나 카드게임도 경우에 따라서는 도박도 되고 오락도 될 수 있다는 것이다. 도박죄의 처벌에 대한 판단 기준도 여러 가지가 있어 법원 판결조차 일치하지 않는 경우가 있다는 것이다.[9]

또 다른 기사 역시 이런 문제를 적극 지적하고 있다. 제목부터 이런 문제의식을 직접 드러내고 있다. "누가 하면 도박이고 누가 하면 오락이고..." 기사에서 다루는 에피소드는 다음과 같은 것으로 이에 대한 법원의 판단에 의문을 제기하고 있다.

---

[9] [이브닝 이슈] '도박 의혹' 삼성 선수 내사, 도박 기준은? 2015.10, 기사 참조, http://news.naver.com/main/read.nhn?mode=LSD&mid=sec&sid1=102&oid=214&aid=0000548474)

금요일 저녁 6시 반. 빈 학원 사무실에 세 사람이 모였습니다. '고 스톱'을 치기 위해서였습니다. 밥을 차려놓고 부리나케 달려온 50대 가정주부와 지역 유지로 통하는 회사원 50대 아줌마 그리고 무직의 70대 할아버지는 그렇게 패를 들었습니다. 3점을 먼저 내는 사람이 천오백 원 씩 가져갔고, 여기에 1점 추가할 때마다 5백 원을 더 가져 갔습니다. 1시간 조금 넘게 판을 돌리자 28만 6천 원의 돈이 모였습 니다. 그때 주민의 신고로 경찰이 들이닥쳤고 세 명은 모두 '도박' 혐의로 기소돼 재판에 넘겨졌습니다. 법원의 판단은 어땠을까요?

이 기사에서 제시된 결론은 50대 가정주부와 70대 할아버지에게만 유죄가 인정되었다는 것이다. 수입이 없거나 무직이라는 이유에서였 다고 하였다. 28만 6천원이라는 판돈이 수입이 있고 없고에 따라 규모 의 크기가 다르게 적용된다는 요지이다. 수입이 없는 사람에게는 큰돈 이지만 수입이 있는 회사원에게는 큰 금액이 아니라는 뜻이다. 이런 판결의 근거는 결국 대법원에서 내놓은 '도박 판단 기준'인데 이 기준 에 따르면 경제력을 근거로 감당할 수 있는 능력이 있는 경우 오락으 로 능력이 없는 경우 도박으로 규정한다는 것이다. 기사는 더 나아가 당시 프로야구 삼성 선수들의 경우나 연예인 등 어느 정도 지명도나 재산 수준이 높은 사람들의 해외 도박 등을 언급하며 이에 대한 시중 의 부정적인 혐의에 대해 그 최종판단이 법원에서 어떻게 처리될지 관심을 보이고 있는 것이다.[10]

여기서 우리가 앞에서 보았던 정부의 복권정책에 대한 긍정적 시각

---

10 홍혜림, KBS, 2015.10. 뉴스 참조

에 비판적 관점을 드러내는 글에 주목하게 된다. 이 글은 한 변호사가 한 신문에 게재한 것으로 정부가 재정수입에 눈이 멀어 사행산업을 육성하고 있다고 비판하고 있다. 사실상 도박을 금지하는 윤리적 주체인 국가가 공익을 위한다는 명분으로 카지노, 경마, 경정, 경륜, 복권에다 스포츠 토토에 이르기까지 도박을 장려하고 있다는 것이다. 여기서의 분석 결과에 따르면 1999년 4조 원에 불과하던 우리나라의 사행산업 매출액은 2010년 17조 원에 이르렀고 2014년에는 20조 원을 돌파할 것이라고 예상하고 있다. 음성적인 불법 사행행위 시장까지 합하면 그 규모는 몇 배에 이를 것이라는 경고도 잊지 않고 있다. 실제로 재정수입 확충이라는 명분은 단기적인 효과에 불과한데도 이에 눈이 멀어 여러 지자체와 프로 스포츠계의 바둑토토와 같은 도박사업을 추진하는 데 이어 제주도까지 많은 비난에도 불구하고 경빙競氷을 추진하고 있다는 것이다. 그러나 이 기사에 따르면 실제로는 사행산업의 경우 합법이든 불법이든 막론하고 엄청난 사회적 부작용을 초래한다고 주장한다. 앞서 본 것처럼 '건전한'과 같은 수식어는 결코 도박에는 적용될 수 없다는 요지이다. 장기적으로는 생산성과 고용의 질을 저하시키고 근로의욕을 감퇴시키며 도박 중독 등의 부작용을 심화시킨다고 보았다. 사행산업통합감독위원회 보고 자료에 따르면 2014년 20세 이상 성인 중 6.1%가 도박 중독 증세를 보였으며, 도박 중독으로 인한 사회·경제적 총 비용은 무려 78조 원에 이른다는 결과가 조사되었다. 더욱이 복권을 비롯한 사행산업은 사실상 저소득층의 돈으로 사회 공적 기금을 조성한다는 측면에서 역진적 과세제도로 조세 정의에도 반한다고 분석하였다.[11]

이런 점에서 도박의 긍정적 측면을 강조한다 해도 그 이면의 부정적 측면을 결코 간과할 수 없다는 점에서 이와는 반대로 극단적인 경우 도박 중독자의 부정적 폐해의 관점에서만 도박을 측량하고 그 결과 도박을 근절하거나 금지해야 한다는 입장이 동시에 존재한다. 도박은 개인적으로 심각한 질병이며 사회의 해악이나 범죄의 한 양상으로 치부되며 결국 도박에 대한 관심은 건전한 사회라는 기준에서 문제적이거나 비정상적, 또는 소수의 도박 중독자의 문제로만 인식되는 것이다. 이런 관점에서 도박에 대한 답변은 오직 한 가지 대안만이 존재하는 것으로 당위적으로 도박은 반드시 사라져야 할 대상으로만 평가된다고 할 것이다. 이러한 금지적 관점을 대표하는 것이 의료계 등의 병리학적 접근의 태도라고 할 것이다. 이러한 도박 중독이나 도박 중독자를 초점으로 한 연구나 관심은 이미 다양하게, 여러 경로를 통해 심리학적이거나 사회학적인 관점에서 논의되어 왔다. 물론 시기에 따라 다양하게 변모하는 여러 도박 중독자들의 양상이나 이를 관리하는 시대의 제도나 정책 등의 변화에 따라 언제나 새롭게 재조명되어 하는 것은 당연한 과제이다. 그러나 이러한 관점과 발상에 따라 도박을 바라보는 것에는 어느 정도 한계가 있는 것이 사실이다. 근절해야 한다는 당위에 걸맞게 인류의 역사에서 도박이 결코 사라질 수 없다거나 건전함이라는 표피에 맞게 건전함의 정도에 부합하는 게임의 기록만

---

11 박영주, 부산일보 기사 참조.
http://news.naver.com/main/read.nhn?mode=LSD&mid=sec&sid1=110&oid=08
2&aid=0000332930

이 존재한 것이 아니다. 따라서 우리는 여기서 도박의 본성과 세계의 본성, 나아가 인간의 본성과 맞물리는 개념을 철학적 관점에서 논의함으로써 도박에 대한 당위 이전에 좀 더 솔직한 인문학적 평가를 내려보고자 하는 것이다.

3. 관점의 이동

따라서 이 글은 도박이 현대에 와서 고정화된 긍정이냐 부정이냐의 이분법적 도식의 한 쪽 면만을 극단화하고 극대화한 관점에서 벗어나야만 도박에 대한 이해를 온전히 할 수 있다는 생각에서 출발한다. 즉 도박을 생각할 때 전면에 등장하는 소수의 도박 중독자가 아니라 도박과 함께해 온 다수의 인류와 인간의 삶의 모습을 조망하고자 하는 것이다.

사실상 인류의 역사와 함께해 온 도박의 역사에서 주인공은 결코 부정적인 도박 중독자의 폐해가 아니며 그로 인한 피폐함은 도박현상의 잉여일 뿐 결코 도박 그 자체의 본질이 아니라고 할 수 있다는 것이다. 그 결과의 부정적 측면에 대해서는 도박 이외의 여러 가지 고찰과 대책이 공조하여 내놓을 수 있는 답변의 문제를 다른 국면에서 다시 모색하여야 하며 여기서 도박에 대한 이해는 우선 도박 그것만의 본성과 핵심 원리에 대한 이해에 초점을 맞추어야 한다는 것이다. 인간의 문명사에서 고대로부터 현대에 이르기까지 결코 배제할 수 없는 도박을 움직이는 핵심 개념에 대한 이해에 우선 관심을 갖고자 한다. 인간의 삶과 자연의 원리에 깊숙이 뿌리박고 있는 우연의 개념을 도박의 관점에서 재고함으로써 도박의 이해와 더불어 인간과 세계에 대한 이해 역시 새로운 관점에서 해명될 수 있다고 생각한다. 도박은 유한한 인간의 복합성을 그 욕망과 표현에서 어쩌면 가장 집약적으로 압축시켜 놓은 모델이라 할 수 있으며 이 모델을 움직이는 원리에는 우연의 이해와 정복이라는 인류의 지식과 문화의 목표가 공통으로 들어있다고 할 것이다.

도박의 정의에 대한 두산백과 사전의 풀이를 보면 내기가 노름으로도 달리 쓸 수 있으며 무엇보다 우연성이 큰 비중을 차지한다고 되어 있다.[12] 우연성에 대한 포착은 거다 리스[13]가 자신의 책에서 도박에 대해 정리한 다음과 같은 정의에서도 찾아볼 수 있다.

도박의 정의

1. 불확실성과의 투쟁
2. 게임참여자들(도박자들)과 상업 시설(도박장) 사이에 재화를 재분배하는 장치로 우연을 의도적으로 사용하는, 일상생활과 엄격하게 분리되는 하나의 풍습
3. 인간의 삶에서의 불확실성과 우연의 역할에 대한 더욱 일반적인 쟁점이 집약된 형태로 발현되는 축소판.

---

12 두산백과, http://terms.naver.com/entry.nhn?docId=1082970&cid=40942& categoryId =31944참조
13 거다 리스, 『도박』, 김영선 옮김(서울: 꿈엔들, 2006), 참조.

앞의 백과사전의 정의와 거다 리스의 정의를 열거한 이유는 두 정의 모두에 도박의 핵심 용어로 '우연'이 들어 있다는 점을 말하고 싶어서 이다. 거다 리스의 경우 불확실성이라는 점이 가장 전면에 등장하고 이어 '우연'이 등장한다. 도박은 가장 일반적으로 우연의 게임이라는 것이 이들의 공통된 이해이다. 이제 인간을 규정하는 여러 관점 가운데 이 논의와 관련된 또 하나의 관점으로서 도박하는 인간, 즉 호모 알레아토르 homo aleator를 우연의 개념을 중심으로 풀어보고자 한다.

도박 게임에는 우연과 운, 그리고 위험과 모험의 원리가 상대적으로 가장 정교하게 발달한 것으로 볼 수 있다. 도박게임에 내재하는 불확실성이나 비결정성, 더 나아가 가변성 등의 특질은 현대 사회의 여러 측면에서 현상적으로 나타날 뿐 아니라 그런 현상들을 추동하는 여러 근본적 특성에서도 확인될 수 있다. 정교하고 체계적인 문명의 질서를 외피에서 보여주는 가장 합리적 장치의 도시의 삶에 보험이나 보험에 가입하는 사람 모두 합리성을 가장한 우연성, 추동하는 위험과 모험의 실험을 수용하고 있다고 할 것이다.

문명사에서 도박의 흔적을 추적하는 일은 그리 어렵지 않다. 세계 창조라는, 카오스로부터 코스모스로의 과정, 즉 혼돈으로부터 질서와 순서의 방향으로 구축되는 과정에서 동서문명사는 거의 예외 없이 그 매개체로 도박을 떠올리게 하는 장치를 삽입하고 있다. 창조를 그리는 신화의 세계에서 이러한 매개체의 활용은 빈번하게 이루어지고 있는 것이다. 서양의 그리스 신화에서 포세이돈과 제우스 그리고 하데스는 세계 창조의 시점에 주사위 게임을 통해 영토를 분할한다. 이런 주사위 게임을 통한 영토 분할은 북유럽의, 특히 스칸디나비아 반도의 신화에서도 등장하며 힌두교 신화에서도 등장한다는 전거는 여러 문헌에서 발견되고 있다. 개념의 측면에서 우연이라는 용어 자체가 서구에서 주사위 던지기 또는 제비뽑기drawing lots라는 말과 치환될 수 있는 것이다. 라틴-한글 사전이나 옥스퍼드 영어 사전 등을 참고하면 우연을 표현하는 영어 chance는 라틴어 cadere에서 오는데 이 용어는 cado가 우연히 생기게 되다, 우연히 일어나다, 누구에게 떨어지다, 닥치다의 의미를 갖고 있으며, cadentia가 역시 라틴어로 일이 일어남, 사건이나 물건이 떨어지는 방식, 운이나 경우를 의미하는 단어와 관련됨으로써, 즉 도박에서의 영어 fall이 카드 또는 주사위를 의미하는 것과 연동해 이해할 수 있게 된다.[14]

여기서 우리는 이제 이러한 운을 관리하는 태도의 하나로서 도박과 관련해 확률의 문제가 등장하는 점에 주목하고자 한다.

4. 우연에 대한 확률의 태도

문제는 우연을 어디까지 허용할 것인가 하는 것이다. 아인슈타인은 다음과 같은 언급을 통해 우연 자체를 인정하지 않는 태도를 보인다.

우리의 과학적 기대는 서로 다릅니다. 당신은 주사위 놀이를 하는 신을 믿지만 나는 객관적으로 존재하는 세계의 완전한 법칙과 질서를 믿으며 순전히 사색적인 방식을 통해 그 원리를 포착하려 노력하

---

14 라틴-한글 사전, 옥스포드 영어 사전. 참조.

고 있습니다.

양자론이 처음에 엄청난 성공을 거두었다고 해도 나는 세계가 근본적으로 주사위 놀이 같은 우연을 토대로 이루어졌다고 생각하지는 않습니다. 물론 젊은 동료 학자들이 이런 나를 노망난 늙은이로 여긴다는 것도 잘 알고 있습니다. 하지만 직관적인 사고방식이 옳았다는 사실이 밝혀지는 날이 반드시 올 겁니다.[15]

철학사상 우연을 인정하기 시작한 대표적인 사례는 파스칼에게서 찾아볼 수 있다.[16] 잘 알려진 '파스칼의 내기: 도박사의 논증Gambler's Argument'이다. 파스칼은 확률을 도입함으로써 사실상 우연을 인정한 것으로 평가받고 있다. 그리고 이런 과정은 우연의 이성적 이해 과정이라고 말할 수 있을 것이다. 파스칼의 내기의 목적은 신이 존재한다는 쪽에 내기를 건다는 것에 대한 합리적 계산이었다. 이는 가끔 오해를 불러일으키는 것으로 성 안셀무스나 데카르트가 시도했던 신의 존재에 대해 입증 또는 증명과는 다른 것이다.

파스칼의 내기의 과정을 살펴보면 우선 도박자는 '불가지론자'의 입장에서 출발한다. 불가지론자와 무신론자의 차이는 다음과 같이 정리할 수 있다.

불가지론자: 신이 존재할 가능성이 있다.
그러나 확실하게 이 판단을 입증할 만한 증거는 충분하지 않다.

---

15 아인슈타인, 아인슈타인의 편지 중, 1944년 막스 보른에게 보냄. 시앙 재인용.
16 파스칼, 『팡세』, 이환 옮김(서울: 민음사, 2003), 참조.

무신론자: 신은 존재하지 않는다. 결정적인 증거가 있다.

엄밀하게 말하면 앞에서도 말한 것처럼 이 파스칼의 내기 논증 과정은 논리적 증명 또는 논증은 아니다. 다만 편의적으로 이 내기의 구조를 논증이라고 부르기로 한다. 요점은 이 파스칼의 내기 논증은 기본적으로 중요한 배경을 가지고 있는데 그것이 바로 확률을 도입하고 있다는 점이다. 즉 논증의 기본 전제와 그 바탕에 확률이 놓여 있는 것이다. 그렇다면 파스칼은 확률을 어떻게 도입하고 있는가? 다음은 그 과정을 요약한 것이다.

〈도박사의 논증과 확률의 도입〉
1. 불가지론자에게 신이 존재할 확률은 존재하지 않을 확률과 같을 것이다.

2. 가능한 한 많이 얻고, 가능한 한 적게 잃어야 한다.
   ― 이길 가능성은 최대화하고 질 가능성 최소화해야 한다.

3. '신이 존재한다'에 배팅할 경우

3.1 신이 존재한다. (이긴 경우)
   ⇨ 커다란 보상 ⇨ 영생의 보장

3.2 신이 존재하지 않는다. (진 경우)
   ⇨ 영생에 비해 손실은 상대적으로 그리 크지 않음
   ⇨ 다만 세속적 쾌락 포기

⇨ 기도한 시간의 헛됨

⇨ 환상 속에서 기만당한 삶

∴ 결국 밑져야 본전.

4. '신이 존재하지 않는다'에 배팅한 경우

4.1 신이 존재하지 않는다. (내기에 이긴 경우)

⇨ 환상 없는 삶.

⇨ 신의 처벌에 대한 두려움, 걱정 없는 쾌락 향유.

4.2 신이 존재한다. (내기에 진 경우)

⇨ 영생의 기회가 사라짐

⇨ 지옥에서의 끝없는 고통.

∴ 결국 내기에서 질 경우 영생을 잃고 사후세계에서 지옥행의 결과를 맞게 됨

5. 이 전체 논증의 결론

그러므로 이득을 최대화하고 손실을 최소화하기 위한 도박사의 합리적인 선택은 '신이 존재한다'를 믿는 것이다.

확률은 다음과 같이 정의될 수 있다. "확률은 전통적으로 0에서 1 사이의 척도로 표현하며 확률이 0에 가까우면 드물게 발생하는 일이며 아주 보편적으로 발생하는 일은 확률이 1에 가깝다."[17] 사실상 세계

---

17 "The definition of probability as a number from 0 to 1 is from Steps", Probability, 시앙, 89.

를 확률적으로 해석한다는 것은 우연성을 인정하고 세계의 현실적이고 근본적인 본성으로 이해한다는 것을 의미한다. 따라서 우선은 아인슈타인과 같이 우연 자체를 거부하는 입장과는 다른 것이다. 그러나 확률은 우연의 방치가 아니라 합리적 계산 안으로 우연을 들여온다. 우리는 확률을 일상의 삶에서 기꺼이 소비한다. 현대인은 일기예보의 확률에 따라 여행을 계획하거나 우산을 챙긴다. 암에 걸릴 확률이나 살이 찔 확률의 차이를 보고 음식을 고른다. 이게 다 삶이다. 삶이 먹고 마시는 우리의 미시적 행위로 점철되어 있다면 확률은 이런 삶의 일거수일투족에 침투한다. 우리 운명은 확률에 달린 것이다. 운전에서의 사고 확률은? 운동을 했을 때 수명이 연장될 확률은? 확률, 개연성은 주식을 사거나 보험을 들거나 소소하게는 카드놀이 정도나 판돈이 큰 도박의 경우에도 개입한다. 과연 확률은 도박에 어떤 영향을 미칠까?

카드 뭉치를 몇 번 섞은 다음 카드를 펼쳐 보자. 이때 우리가 눈으로 확인하는 카드의 조합은 완벽하게 순서대로 배열되어 있든, 뒤죽박죽 섞여 있든 결과로 나타날 수 있는 유일한 조합이다. 특정한 결과는 실제로 발생 가능한 유일한 결과이므로 '무작위성'과는 아무런 상관이 없다. 수학자는 '가능성'을 계산하는 데 일가견이 있고 게임 참여자가 받게 될 모든 패의 '확률'을 정확하게 말해줄 수 있지만 이는 철저하게 잘못된 상황인식이다. 만약 여러분이 완벽한 패를 손에 쥔다면, 그 패는 여러분이 받을 수 있는 유일한 패였다. 그 밖에 다른 패를 받을 확률은 정확하게 제로(0)이며 다른 확률은 무의미하다.[18]

이 글은 도박에서의 확률에 대한 명백한 거부의 표현을 드러낸 것이다.

그렇다면 이런 입장에서 도박자의 관심은 어디에 있는 것일까? 거다 리스는 다음과 같이 정리한다.

확률론은 일반적인 것, 다수의 것, 장기적인 것에 대해서만 말하고 가장 결정적인 것, 즉 다음에 어떤 일이 벌어질지에 대해서는 영원히 침묵한다. 이것이 바로 과학적이고 합리적인 의식의 전형적인 모습이다. 보드리야르의 말을 따르자면 우연에 대한 통계학적 반응은 '죽은 반응'이며 '제정신이 아닌 접근법'이다. 도박자들은 확률론의 설명력을 인정하지만 결국 거부한다.

… 과학적 설명은 구체적인 경우, 즉 특정한 경우, 여기, 지금, 정확히 이 사람, 이 시간에 일어나는 죽음을 설명하지 않는다. 아니 설명하지 못한다. 도박자가 관심을 두는 것은 바로 이러한 차원의 의미다. 즉 이 시간, 이 게임의 결과가 관심 대상이다. 따라서 도박자는 과학적 사고가 제공하는 설명을 외면하고 대신 구체적인 사건을 설명하고 의미 있게 만드는 설명에 경도된다. 그래서 종교적인 점술에 몰두했던 조상들처럼 도박자에게 우연 같은 것은 없다.[19]

우리는 과연 도박을 통해 어떤 삶의 전망을 얻을 수 있는가?

---

18 위의 책, 95.
19 거다 리스, 앞의 책, 320.

5. 도박과 삶

사실상 우리의 삶은 보편적 학문의 이념이 요구하는 객관성이나 가치중립성처럼 고정된 불변의 실체가 아니다. 거시적 관점에서 실패와 성공의 가능성이 배합된 '내기'나 '도박'의 운명과 닮았다. 이런 점에서 드와이어가 제시하는 새로운 인류학의 관점은 도박과 인간의 삶이 갖는 공속적 특성을 이해하는 데 도움이 된다.[20] 그는 새로운 우리 시대의 인류학적 기획이 더는 "외적 사건의 관찰", "숨겨진 현상의 드러냄" 혹은 "과학적 사실의 숙고"와 같은 전통적인 학문의 이상을 추구하려는 것이 아니라고 본다. 이는 '내기'로 은유될 수 있는 특성을 갖고 있는데, 곧 전통적인 인류학이 지향하고 믿었던 투명한 '지도'의 가능성을 제거하는 데서 찾아볼 수 있는 것이다. 사실상 우리에게는 타자에 대한 완벽한 이해에 도달할 수 있는 길을 표시해 놓은 지도가 없다는 것이다. 이제 더는 그런 지도를 그릴 수 있다는 환상을 가질 수 없다.

결국 이러한 전망에 이르면 우리는 내기의 한 장면에서처럼 숨 막히는 탐색전의 한 복판에서 성공과 실패의 어떤 가능성도 배제하지 못할 삶의 균형점에 놓인 것이라고 말할 수도 있을 것이다. 그의 표현에 따르면 내기와 도박의 상황이란 "'자아'와 '타자', 그리고 '독자'가 '포커페이스'를 한 채 테이블에 앉아, 팽팽한 긴장으로 서로를 탐색하고,

---

20 Kevin Dwyer, Toward Reconstruction: An Anthropological Wager, *Morocoan Dialogue - Anthropology in question*, Waveland Press, 1987, pp. 270~286.

반응하고, 속이고 거절하는 숨 막히는 상황"으로 묘사될 수 있는 것이다. 이런 상황에서는 성공도 실패도 불확정의 가능성 앞에 동등하게 놓여 있는 것이다. 이러한 만남의 '대화적 과정'과 '내기적 속성'은 성공만이 아니라 실패의 가능성이라는 위험 역시 껴안고 있다고 할 것이다. 결국 우리는 실패할 수도 있는 것이다. 이것은 궁극적으로 우연의 놀이라고 할 도박에서 확률 등을 통해 성공을 계산하고 보증받기 바라는 도박에 대한 기대와 전망 자체를 근본적으로 다시 성찰하게 한다.

도박 중독이 위험하니 도박을 금지해야 한다거나 사회에 기여할 수 있는 공적 자금 마련에 도움이 되므로 장려해야 한다거나 하는 당위적 요구에 앞서 사실상 우리는 근본적으로 인류의 역사에서 그 오랜 동안 왜 도박이 사라지지 않을까에 대한 질문을 가지지 않을 수 없다

도박을 돈, 그 결과의 관점에서만 바라보는 것은 도박을 온전히 이해하는 데 한계를 갖는다. 확률이라는 장치를 도입한다 해도 사실상 도박자의 입장에서는 합리적 선택이나 순진한 호구이거나 지는 행위에 내기를 거는 것으로 생각될 수밖에 없는 상황이 자주 벌어진다. 이는 그 결과로서의 보상만이 도박의 전부가 아니라는 사실을 보여준다. 결국 돈과의 관련성만을 내세워 도박을 설명하려는 시도는 도박의 본성에 대한 온전한 이해에 도달하기 어렵다는 것이다. 도박은 부유하고자 하는 욕망을 넘어서는 불확실성과 우연에 대한 독특한 인간만의 대응 양식으로 생각될 수 있다. 확률의 경우 확률만으로는 성공이 반드시 보장되는 것이 아니다. 개연성으로 치환될 수 있다는 것은 그 '반드시'를 필연적으로 보증하지 못하는 한 어쩌면 도박자들도 실패의 가능성과 함께하는 긴장을 이미 껴안고 있다고 볼 수 있을 것이다.

도박자들은 확률의 흔들리는 안정성이 아니라 운이나 전조, 숙명이나 행운을 걸고 미래가 아닌 현재의, 그 순간으로서의 전부에 몰입하는 것이다. 확률이 미래 예측에 기대를 걸고 오늘을 포기하는 데 초점이 있다면 사실상 도박은 바로 그 순간을 삶으로 살아내는 바로 그 순간에 대한 몰두이며 살아가기라고 할 수 있다. 도박이 왜 사라지지 않을까? 이 질문에 대한, 도박의 존재 이유에 대한 탐색은 만일 확률의 기준에만 근거한다면, 확률을 통한 결과에만 근거한다면, 사실상 결과가 보장되지 않은 도박은 점차 사라지는 운명에 놓여 있어야 할 것이다. 그러나 공학기술의 발전과 매체의 발전은 차치하더라도 도박은 21세기 현재 건재함을 넘어 성황중이며, 그 폐해는 심각한 사회문제의 최전방에 놓여 있는 것이다.

도박은 미래의 관점에 선행하는 도박 그 순간의 우연적 특성을 받아들이고 성공만이 아닌 반면의 우연적 상황 역시 끌어안을 때 더욱더 잘 이해될 수 있을 것이다.

■ 참고문헌

거다 리스, 『도박』, 김영선 옮김, 꿈엔들, 2006.

데이비드 A. 시앙, 『신은 주사위를 던지지 않는다』, 김승환 옮김, 지와 사랑, 2011.

로제 카이와, 『놀이와 인간』, 이상률 옮김, 문예출판사, 2003.

모노, J. L., 『우연과 필연』, 김용준 옮김, 삼성출판사, 1983.

요한 하위징아, 『호모 루덴스』, 김윤수 옮김, 까치, 2005.

이창일, 『주역, 인간의 법칙』, 위즈덤 하우스,

파스칼, 『팡세』, 이환 옮김, 민음사, 2003.

Kevin Dwyer, Toward Reconstruction : An Anthropological Wager, *Morocoan Dialogue - Anthropology in question*, Waveland Press, 1987

http://news.naver.com/main/read.nhn?mode=LSD&mid=sec&sid1=102&oid=214&aid=0000548474

[이브닝 이슈] '도박 의혹' 삼성 선수 내사, 도박 기준은?

그림 1

https://search.naver.com/search.naver?where=image&sm=tab_emr&query=%EB%A1%9C%EB%98%90&ie=utf8&viewtype=0&subject=1&neso=tv%3A1

그림 2.

https://search.naver.com/search.naver?where=nexearch&query=%EB%8F%84%EB%B0%95%EC%A4%91%EB%8F%85+%EA%B3%B5%EB%AA%A8%EC%A0%84&sm=top_sug.pre&fbm=1&acr=9&acq=%EB%8F%84%EB%B0%95%EC%A4%91%EB%8F%85&qdt=0&ie=utf8

도박과 돈*

조성애

1. 들어가기

인간은 집단생활을 하기 시작한 때부터 놀이와 내기를 즐겼다고 할 수 있다. 도박이 놀이로서 환대받기도 했지만 죄악으로 여겨져 금지의 대상이 되기도 했다. 그러나 어느 나라에서도 도박을 규제하려는 시도가 성공하지 못한 것은 인간이 놀이와 내기가 주는 즐거움에 강하게 이끌리기 때문이라 할 수 있다. 뱅상은 쾌락의 원칙이야말로 인류 진화의 역사에서 근본이 된다고 말한다. 인간이 생명체로 진화되어 가는 과정 그 자체는 죽음을 이기고 생명으로 나아가는 과정이며 바로 그 과정에서 쾌락의 원칙이야말로 죽음에 맞서 싸울 수 있는 힘이라고

* 이 글은 학술지『유럽사회문화』제15호(2015년)에 게재되었던 논문을 수정하여 재수록한 것임.

본다. 도박의 역사가 인간의 역사와 더불어 발전되어 온 것을 봐도 내기가 주는 쾌락이 인간의 생존에 동반자로서의 성능을 가진다는 점을 이해할 수 있다. 물론 쾌락의 원칙이 지나치게 존중되면 마약 중독, 도박 중독과 같은 죽음으로의 유혹에 굴복하고 복종하게 된다. 그러므로 뱅상은 쾌락의 원칙 하에서 살되 굴복하는 것은 아니며, 그렇다고 지나친 적대적 투쟁도 아닌, 생존의 힘을 얻을 수 있는 동반 전략이 인간에게는 필요하다고 말한다.[1]

현대는 게임 산업의 발달로 점점 더 많은 중독자가 형성되고 있다. 게다가 그 중독성이 쉽사리 치료되지 않으며 개인과 사회시스템을 위태롭게 하는 치명적인 문제점 때문에 사람들은 도박에 대해 놀이로서의 즐거움을 인정하면서도 두려움과 부정이라는 감정의 트라우마를 지닌다. 흥미로운 점은 많은 도박자가, 사회적 게임의 즐거움에서 병적 게임으로 변하는 과정이 돈과 밀접하게 관련되어 있다고 보고된다는 것이다. 한국인 도박 중독자들을 심층 면담한 연구에서, 이들에게 제일 중요한 도박 동기는 돈이라고 보고되며, 캐나다 이주민들(중국인, 아이티인, 북아프리카인, 중앙아메리카인)의 도박을 다룬 논문[2]에서도 돈은 공통된 도박 동기로 나타난다. 병적 도박의 첫 번째 동기가 돈이라는 점에서 도박과 돈의 관계는 뗄 수 없는 관계로 보이며, 이는

---

[1] 장-디디에 뱅상, 『인간 속의 악마』, 류복렬 옮김(파주시: 푸른숲, 1997), pp. 23~24.

[2] *Etude exploratoire sur les perceptions et les habitudes de quatre communautées culturelles de Montréeal en matièere de jeux de hasard et d'argent*, Elisabeth PAPINEAU(responsabilite), et al, INRS Urbanisation, Culture et Societe, Novembre 2005, www.inrs-ucs.uquebec.ca, p. 1.

분명히 도박자들이 돈을 대하는 태도와 인식과 관련되어 있다고 본다. 그러나 도박과 돈의 관계가 도박을 이해하는데 있어서 매우 중요하게 보이는 문제인데도, 돈에 대한 심층적 접근 없이 그저 단순히 돈(금전적 이득)이 도박에 직접적인 관계가 있다거나, 그렇지 않다는 해석이 공존하는 정도이다. 그런데 사실 도박자들이 돈을 대하는 태도는 매우 양면적이라 할 수 있다. 돈만 따게 되면 잃어버린 신뢰, 가정, 일 모든 것을 단번에 만회할 수 있다고 말하는 그들에게 돈은 절대적인 힘으로 간주된다. 그러나 그들 대부분이 돈을 딸 수 없다는 것을 분명히 자각하면서도 무한히 도박을 반복하며 결국 돈을 무가치하게 소모해버리는 모순을 보인다.

도박자들의 돈에 대한 집착과는 반대로 무가치하게 보는 이런 양가적 태도가 좀 더 깊이 연구된 것은 그나마 돈에 대한 심리학적 접근 덕분이다. 그러나 심리학적 차원에서의 이해가 주로 개인의 병리적 차원의 이해에 그치는데다, 집단 심리적 차원에서 돈의 이미지가 인간의 집단 무의식에서 어떤 것을 매개하고 상징하는지 보지 못했다는 점에서 한계를 보인다고 할 수 있다. 반면, 도박과 금전적 이득과의 상관성을 부정하면서 도박과 돈의 관계에 대해 존재론적 차원에서 접근한 G. 리스[3]의 시각 또한 돈에 대한 인류학적 이해가 부족하다는 점에서 여전히 도박과 돈의 관계에 대해 불완전한 시각을 보여준다. 돈의 기원을 재조명하면서 도박과 돈의 관계에 대해 다각도로 접근하고자 하는 것은, 이런 불완전한 이해를 넘어서, 뱅상의 말대로 도박과

---

[3] 거다 리스, 『도박』, 김영선 옮김(서울: 꿈엔들, 2006).

인간의 관계에서 적대적 투쟁도 굴복도 아닌 생존의 힘을 얻을 수 있는 접점을 찾아보려는 시도라 할 수 있다.

2. 도박 동기와 돈[4]

도박을 다룬 기존의 연구와 논문에서 도박 동기로는 사교 및 유희 동기, 낮은 자존감, 우울감 및 불쾌한 정서를 피하거나 경감시키기 위한 회피 동기, 정서적 각성을 추구하는 흥분 동기, 그리고 도박에 고유한 금전 동기 등이 있다. 이중에서 큰돈을 따고 싶고 잃은 돈을 회복하거나 빚을 갚고자 하는 갈망인 금전 동기가 병적 도박자에게 가장 강한 것으로 나타난다.[5] 위에서 인용된 논문에서는 도박 초기에는 희열과 재미 등의 강렬한 긍정적 감정을 경험하게 되지만 도박을 지속하거나 몰입해 가는 과정에서 도박을 지속하는 동기로 본전 회복에 대한 강한 동기, 금전에 대한 욕구인 대박 환상, 이런 생각과 관련하여 돈을 딸 것 같은 막연한 기대감이라는 세 가지 동기적 사고 과정이 보고되고 있다. 이런 연구결과는 도박 동기를 연구한 선행연구들의 결과와 대부분 일치한다.

---

[4] 이경희·도승이·김종남·이순묵, 「도박 이용자의 도박 중독 과정에 대한 질적 연구」, 『한국심리학회지: 건강』, 2011, vol. 16. no. 1. 189~213); 김교헌·권선중, 「병적 도박자의 심리적 특성 및 예측 요인」, 『한국심리학회지: 건강』, 2003, vol 8, no. 2, 261~277; 이흥표, 「도박동기와 병적 도박의 관계」, 『한국심리학회지: 건강』, 8(1). 169~189.

[5] 이경희·도승이·김종남·이순묵, 위의 글, p. 200.

국외의 연구에서는 금전 등의 외재적 보상보다는 도박으로 인한 흥분 등의 내재적 보상을 기대하는 도박자들이 좀 더 많은 반면 국내의 병적 도박자는 금전 동기가 가장 높았고 도박 심각도에도 가장 큰 영향을 미쳤다. 이러한 결과는 국내 도박자들이 도박을 통해 금전적 보상을 바라는 경향이 외국의 도박자들보다 강하다고 볼 수도 있으나, 실제로 그들은 지속적으로 도박으로 인한 흥분, 스릴, 재미를 느끼는데다, 도박으로 돈을 벌 수 없다는 사실을 스스로 인지하고 있었으며, '도박행동을 하지 않으면 불안감과 초조감을 느끼고 도박행동을 했을 때 이런 부정적 감정이 안정감 등의 긍정적 정서로 변한다고 한다. 도박장에 가는 것이 자존감 유지에 도움이 되거나 낮은 자존감을 보상하는 효과가 있을 때 도박을 반복하게 된다'[6]고 보고된다.

병적 도박자의 심리적 특성이 그 자체로 잘 드러나지 않는다는 점에서, 일반인 도박 집단과 병적 도박자 집단을 비교 대상으로 삼은 또 다른 연구에 의하면, 병적 도박자가 일반 집단보다 더 높은 '돈 추구 동기', 더 높은 '회피 동기'를 드러낸다.[7] 또 다른 연구에서도 병적 도박자는 일반 도박자보다 즉각적이고 커다란 부를 추구하는 금전 동기가 4배 정도 높이 나타나고, 불쾌한 정서 상태에서 벗어나고자하는 회피 동기도 2배 정도 더 높게 나타나는 반면, 사교와 친목을 도모하려는 사교 동기나 도박이 주는 즐거움이나 여가를 즐기려는 유희 동기는 별 차이 없는 것으로 보고된다.[8] 강력한 돈 추구 동기 이외에도,

---

6 앞의 책, pp. 207~208.
7 이흥표, 앞의 글, pp. 169~189.

일반 도박자 집단과 병적 도박자 집단 간의 흥미로운 차이는 병적 도박자 집단이 도박에 대해 자신도 부정적으로 보면서도 그리고 주변에서 가해지는 압력에도 불구하고 더 높은 도박 의도를 보인다는 점이다.[9]

사실 도박 동기에서 돈 추구 동기 다음으로 강하게 나타나는 회피 동기는 돈을 잃는 것을 인식하면서도 도박을 하는 것인 이상 돈을 경시하는 심리와 맞닿아 있다고 할 수 있다. 그런 점에서 도박 동기 중에서 첫 번째와 두 번째를 차지하는 동기, 즉 금전적 이득을 추구하는 동기와 불쾌한 정서를 회피하고자 하는 동기 속에 돈에 대한 강한 집착과 경시라는 모순적인 태도가 양립하고 있다는 점에서, 도박과 돈의 밀접한 관계를 추론할 수 있다. 우선 도박에 대한 기존 연구에서 도박과 돈의 관계는 어떤 식으로 이해되는지 살펴보고자 한다.

3. 도박과 돈의 관계 – 심리학적 측면과 존재론적 측면

도박과 돈의 관계에 대한 시각은 다양하다. 첫 번째는 도박이 돈과 밀접하고도 직접적인 관계가 있다고 보는 시각이다. 인간의 본성과 깊은 관련이 있는 놀이에 내기와 금전적인 모험이 개입될 때 진정한 도박이 된다는 것이다. 금전적인 모험이 결합되지 않는 도박은 없으며

---

[8] 김교헌·권선중, 앞의 글, pp. 263~267.
[9] 위의 글, p. 274.

금전 추구와 오락이라는 양면성이 도박의 두 필수요소라고 본다. 게다가 초기단계에서 크게 딴 경험이 있을 때 습관적 도박이라는 심각한 문제가 유발되는 경향이 있으며, 손실이 누적될수록 크고 화려한 보상에 대한 소망은 더욱 강렬해지고 불확실한 대박의 매력은 점점 더 커지게 된다는 사실[10]이 보고되는 것만 보아도 도박의 동기로 돈은 아주 중요하고도 직접적인 역할을 한다는 시각이다. 도박과 돈의 이런 밀접한 관계는 주로 정신분석학자들과 심리학자들이 돈이 가진 심리적 속성들을 통해 조명해왔다. 반면 G. 리스처럼 도박의 매력을 금전적 이득을 얻기 위한 것이라는 견해는 잘못된 해석이며 도박과 돈의 관계를 심리학적 차원에서만 볼 경우 병리적인 측면을 강조한다고 지적하며 보다 근원적인 인간의 욕망의 차원에서 다시 조명하고자 하는 시각도 있다.

3.1. 심리학적 측면에서 바라본 도박과 돈의 관계

심리학자들은 경제학자들이 보지 못한 화폐의 비경제적 속성, 화폐가 상징하는 것들, 돈이 가진 심리적 속성들을 질문해왔고 나아가 이러한 속성들을 토대로 돈을 사용하는 행동과 그 행동에 미치는 영향들을 연구했다. 이들은 우선 화폐란 개인과 집단의 가치체계와 관련이 있으며 이와 관련된 속성들이 교환 가능하지 않다는 점을 중요하게 여긴다. 두 번째로, 경제학자들은 인간이 수입을 최대화시키는 방식으

---

10 이흥표, 『도박의 심리』(서울: 학지사, 2002), p. 34, p. 39.

로 행동한다고 보지만 많은 사람들은 무보수로 일하거나 자선이나 기부를 행하고, 선물을 하고, 도박을 하는 것처럼 금전적 이득 대신 심리적 보상을 얻기 위해 비합리적인 방식으로 행동한다는 것이다.[11] 세 번째로 돈은 어떤 이들에게는 자유, 사랑, 권력, 안전, 자아 존중감, 정체성을 향상시키는 상징물이라는 영혼적 의미로 충만한 비물질적 의미의 총체라는 점이다. 네 번째로 어떤 이들에게 돈은 탐욕, 질투, 분개, 두려움 같은 심리적 의미를 갖는다는 점이다.

이런 접근들을 통해 심리학자들은, 도박자들이 도박에서 돈을 따는 것보다 잃은 것에 대해서 훨씬 더 많이 이야기하거나 딸 수 없음에도 계속 도박을 하는 점에 대해, 도박꾼들에게 돈은 억압된 일련의 투사된 사물들을 상징한다고 보았다. 예를 들어 오이디푸스 콤플렉스를 가진 이들은 도박에서 돈을 잃으면서 어머니의 사랑을 재생산하거나, 이로 인해 아버지에 의해서 처벌받는 수단이 될 수 있다. 또는 합리주의, 개인주의, 기능주의를 토대로 하는 자본주의 사회와 일하지 않고 버는 돈을 부정하다고 보는 청교도주의 윤리에서 무의식적으로 자신을 벌주고 죄의식을 경감받기 위한 것일 수 있다. 돈을 잃으면서 느끼게 되는 양심의 가책은 신체적 요소나 정서를 지속적으로 통제하면서 앞으로의 안전에 대한 환상을 제공한다.[12] 이처럼 어떤 도박자에게 돈은 심리적 보상이거나 억압된 욕망의 투사이듯이, 돈을 사용하고 인식

---

11 아드리안 펀함, 미첼 아질레, 『화폐심리학』, 김정휘 외 옮김(서울: 학지사, 2003), p. 73, p. 77.
12 위의 책, p. 81, pp. 190~191,

하며 이에 반응하는 방식 저 밑에는 아주 복합적인 감정이 내재되어있다는 점을 이해해야 그들의 도박 동기를 이해할 수 있다고 본다.

그러나 돈에 대한 이해를 통해 도박과 돈의 관계를 보고자 한 심리학적 접근이 주로 개인에 치중해왔다는 점에서 사회적 또는 집단적 차원, 나아가 인류학적 차원에서의 도박과 돈에 대한 이해가 부족하다는 한계점을 보인다. 그런 점에서 연구 범위를 민족이나 국가의 차원으로 넓히는 일도 필요하다. 돈을 대하는 민족적 특성 다시 말해 민족적 집단심리 또한 도박 동기를 이해하는데 있어서 중요하기 때문이다. '중국인들은 도박이 신탁적, 수리적, 예측적 기능을 가진다고 보며 자신과 우주적 질서간의 관계를 확신하며 운을 중시한다. 불교적 관점을 가진 베트남인들은 보수를 받거나 잃고 따는 것은 음양의 순환이라는 개념을 바탕으로 이루어진다고 믿으며 게임에 참여한다. 말레이시아인들은 신에게 딸 수 있는 번호를 묻기도 하며, 돈을 잃으면 부처에게 공헌한 것으로 간주하고 잃은 덕분에 자신과 가족들의 실제의 번영을 가져다준다고 본다. 가톨릭이 70%인 라틴 아메리카인들의 경우 게임의 행운은 자신들의 독실한 실행에 의해 신의 재량에 달려있다고 보는 것 같다.'[13] 돈에 대한 개인의 가치체계나 정서체계가 개인이 속한 집단 문화에 영향 받을 수 있는 이상, 돈과 도박과의 관계에 대해 심층적으로 이해하려면 돈에 대해 더 인류학적이고 집단심리학적 차원에서 접근하는 일이 필요하다고 본다. 이 점은 'II. 돈 다시 읽기'에서 살펴

---

13 *Etude exploratoire sur les perceptions et les habitudes de quatre communautées culturelles de Montréeal en matièere de jeux de hasard et d'argent*, p. 8.

보고자 한다.

3.2. 존재론적 측면에서 바라본 도박과 돈의 관계
- 자아 긍정 게임과 도구로서의 돈

G. 리스[14]의 도박에 대한 연구는 도박이 인류의 역사와 언제나 함께 해왔다는 사실에서 출발해서 도박을 인류의 역사에 견주어 조명하고 있다. 그녀는 심리학적 차원에서의 도박 연구가 주로 소수의 병적 도박자들에 치중하면서 다수의 도박자들을 보지 못한데다 도박의 병리적 현상에 치중해왔다는 점을 비판하면서, 도박을 하는 이유는 부에 대한 욕망보다 안정성에 대한 더 근원적인 인간의 욕망 때문이라고 본다. 도박자에게는 도박의 승패라는 결과보다 돈을 거는 초조한 순간이 더 본질적이며 도박이 사람들을 우연의 세계로 무작정 뛰어 들어가 머물게 하는 하나의 장치라는 것이다. 이 우연의 세계가 도박자를 도덕적 파멸이나 중독으로 떨어뜨리는 것이 아니라 삶과 우리 존재의 본질인 불확실성과 맞닥뜨리게 하면서 안정되고 합리적인 일상의 세계를 지배하는 규칙과는 다른 규칙으로 작동되는 우연의 세계(=게임의 세계) 안에서 새로운 역할을 시험하고 새로운 정체성을 만나면서 새로운 자아의식에 눈뜨게 한다고 본다.

우선 도박장이라는 우연의 환경은 일상생활로부터의 시간적 공간적 분리가 일어나는 장소가 된다. 도박자 중 다수가 게임할 때 다른

---

14 거다 리스, 앞의 책.

사람이 된다고 말하듯이 도박자는 일시적으로 실제 세계를 떠나 흥분 속에서 주변 환경과 유리되는 꿈과 같은 상태를 경험하는 모험에 참여하게 된다. 게다가 게임의 긴장감과 흥분이 최고조에 이르면 도박자는 자기 자신을 망각하게 되는 순간을 가지게 되는데, 그녀가 인용한 보드리야르에 의하면, 이런 현기증의 최면적 매력이 바로 도박자가 운명에 도전하는 순간이라는 것이다. 위험한 도박판에 뛰어드는 것은 자신의 운명을 시험하는 것이라는 점에서 도박자에게 도박 판타지는 금전적인 것이 아니라 성취의 문제와 관련이 된다. 도박 동기에서 사교, 금전적 이득, 기술의 발휘와 같은 동기들보다 게임의 흥분, 스릴의 추구가 가장 본질적인 요소이며, 돈을 거는 순간의 흥분은 돈의 경제적 가치를 압도하며, 돈은 무가치해지며 승패에도 무관심해지는 것이다. 예를 들어 도박자의 기술과 능력이 필요한 경마 같은 도박에서의 승리는 금전적 보상보다 자신의 실력이 동료들로부터 인정받는 사회적 보상 때문에 의미 있다는 것이다. 즉 도박자는 부의 합리적 축적에는 관심 없이 순전히 게임 자체를 위해, 즉 자기실현, 지위, 순수한 즐거움을 위해 게임한다는 것이다.

도박을 귀족적 도박과 금전적 이득을 목표로 하는 부르주아적 도박으로 구분한 리스는 17세기의 귀족이 도박 자체에만 전념하고 판돈에 초연함을 과시하면서, 거금을 낭비하고 돈에 경멸감을 표시한 것은 새로운 권력으로 부상한 부르주아들에게 위기감을 느끼면서 자신들의 권위를 재확립하려는 시도였다는 것이다. 반면 현대의 도박자는 게임추구에서 본질적으로 비생산적인 지출을 통해 인격을 과시하고 자아를 실현한다고 본다. 도스토옙스키 같은 도박자가 전적으로 우연에 의해 결정되는 룰렛 게임에 몰두했던 것은 금전적 이득을 위한 도박이 아닌 순전히 게임 자체의 흥분을, 절제 대신에 방종을 택한 것으로, 이런 스타일의 도박은 돈은 안중에도 없고, 위험과 우연을 의도적으로 추구하면서 자아의 실현에 목표를 둔다. 용감한 자만이 스스로 위험에 뛰어든다는 점에서, 도박의 일차적 동기는 돈이 아니라 오히려 주사위 던지는 사람이 되고자하는 열망이다. 위험에 뛰어드는 것은 인격, 용기, 자아의 긍정이라는 가치들을 얻기 위한 것이다.[15] 그들에게 돈은 카지노에서 돈을 대신하는 플라스틱 칩처럼 현실에서의 경제적 가치는 사라지고 단순히 게임의 도구나 수단이 될 뿐이다.

게다가 많은 도박자들은 게임을 할 때 초자연적이고 신적인 힘의 존재를 믿는다. 미신과 비합리적인 생각으로 간주되어왔던 운이나 애니미즘, 예언적 꿈과 전조를 믿는 마술적인 독특한 세계관이라는 대안적인 믿음들을 가지고 있으며, 게임이 일종의 '더 높은 힘'에 의해 주관되고 도박장에서의 사건들이 어떤 신비한 방식으로 미리 결정되어 있다고 생각한다. 운명, 숙명, 운, 그리고 때로는 신으로 다양하게 인식되는 이런 힘들은 도박자가 단순히 게임에 몰두하는 것 이상으로 어떻게 보면, 자신의 숙명에 대해 질문하는 것으로 볼 수 있다. 도박자는 자신의 승패와 운을 물으면서 우주를 지배하는 초자연적인 힘과 자신과의 문제시된 관계에 대한 해결을 기대한다는 것이다. 도박자가 단순히 자신의 운명을 알고자한다는 점에서 도박은 신탁에 자문을 구하는 근대적 형태이며 동시에 점술활동이다. 게임에 이기는 것은 승인의

---

[15] 거다 리스, 앞의 책, p. 301, p. 308

신호이고 지는 것은 불인정의 신호이다.[16]

우연의 게임이 자신의 불안정한 위치에 대해 우호적인 신탁을 기다리는 행위와 같다면, 이런 게임세계에서 승패에 상관없이 반복적으로 게임하는 경향은 바로 이 반복적인 의례를 통해서 질서, 리듬, 조화가 만들어지기 때문이다. 그래서 도박자는 신이 자신을 우호적으로 선택할 때까지 게임을 반복하고 승리했을 때 일시적이지만 불완전한 세계에 완전함을 가져온다. 물론 이런 안정성은 곧 사라지고 다시 불확실성이 자리 잡으면 재확인을 위해 또 다시 같은 질문을 반복하는 것이다. 이처럼 영원한 불확실성 속에서 게임의 무한한 반복이 도박자가 처한 상태이다. 자발적으로 불확실성과 위험의 환경에 빠진 도박자들은 진행 중인 게임의 반복되는 행위들을 통해 안정과 통제와 유사한 감흥을 얻는다. 따라서 순수한 무작위적인 작동으로부터 의미와 질서가 만들어지는 상징적인 의례들을 반복하고, 운, 전조, 운명, 숙명과 같은 힘에 대한 마술적, 종교적 믿음의 세계관을 통해 통제라는 환상을 누리고자 하는 도박자들의 동기를 이해할 수 있다.[17]

이와 같은 관점에 따르면, 도박자들은 정신분석학자들이 주장하듯이 자신을 벌하기 위해 지려고 하는 피학적 충동이 아니라 불확실성이라는 회의적 환경에서 호의적 운명 또는 불인정의 신호라는 정서적인 의미를 획득하기 위한 것이며 이는 안정을 찾고자 하는 욕망에서 파생된 것이다. 이처럼 존재론적 불안정이 모든 영역에 파고 든 현대, 어떤

---

16 위의 책, p. 359
17 위의 책, pp. 362~367

것도 확실하지 않고 어떤 것도 예측할 수 없으며 그 어느 때보다도 더 혼란스러워 보이는 현대에서, 도박의 행위는 우연과 불확실성의 존재로서의 개인이 안정성에 대한 욕구를 조화시킬 방법을 찾는 것인 이상, 도박의 행위가 존재론적 차원에서 이해되어야하지 금전적 차원에서 이해될 수 없다는 것이 바로 G. 리스의 입장이다.

도박을 질병과 장애의 틀 안에서 보는 정신분석학적 관점을 벗어나 놀이하는 인간으로서의 본성에 따라 도박의 본질에 대해 존재론적으로 접근한 리스의 관점은 도박에 대한 트라우마를 극복하는 데 기여한다고 본다. 하지만 스릴과 흥분이 도박의 본질이며 도박의 근원적인 존재 이유는 금전적 이득을 위한 것이 아니라는 해석은, 도박이 중상층보다 '주로 경제적 여유가 없는 중하층민이 더 쉽게 빠져들며 계층상승의 빠른 방법으로 도박이라는 수단에 의지하는 현상'[18]을 설명해 내기에는 한계를 보인다. G. 리스의 경우는 돈에 대한 심층적 이해가 없었다고 할 수 있다. 현 시대와 같이 근면과 저축에 의한 점진적 계층 상승의 기회가 점차 차단되어가는 양극화의 사회에서는 투기에 대한 욕망, 대박 욕망이 근로자 계층을 더욱 자극한다. 그리고 이런 배경으로는 돈이 절대적 교환가치로 자리 잡은 금전만능주의가 강력하게 영향을 미치기 때문이다. 도박이 긍정적인 가치를 가진 인류의 놀이로 다시 회복되려면 절대적 교환가치로서의 돈이 아닌 다른 시각으로 돈을 새롭게 이해하려는 노력이 필요하다고 본다. 돈의 다른 모습을 탐색한다는 것은 도박과 돈의 새로운 관계를 탐색하는 시초가 될 수 있다.

---

18 이흥표, 앞의 책, pp. 27~28.

4. 돈 다시 읽기 - 돈의 기원과 원형적 이미지

경제학자들은 돈의 기원을 상업적 목적이나 효율성에 입각해서 전통적으로 교환을 매개하는 수단으로 여겨왔고, 돈을 시장의 원리에 입각해서 보는 이런 시각은 자본주의가 발달되면서 돈은 모든 것을 대체하는 절대적 교환가치라는 신분으로, 금전 만능주의로 자리 잡게 되었다. 이제는 사회가 부의 소유 정도에 따라 상층·중층·하층으로 나뉠 정도로 돈은 우리 사회를 판단하는 잣대 역할을 하게 된다. 이런 경향으로 사람들의 관심은 오로지 돈 그 자체, 그리고 부의 축적이 목적이 된다. 사람들은 돈의 노예가 되고 모든 가치는 돈으로 환원된다. 그러나 사실 돈의 기능 가운데 상거래 목적을 지나치게 강조하는 것은 역사적으로 적합한 해석이 아니다. 돈이 순전히 상거래 목적으로만 사용되는 것으로 인식되고 지불수단보다 교환수단으로서 부각되기 시작한 것은 겨우 근대에 와서야 일어난 일이기 때문이다.[19]

돈이 절대적 교환가치로 자리 잡은 이후의 금전만능주의의 폐해를 바로 잡기 위해 리테어 같은 인류학자는 화폐가 벌금, 세금 지불, 신부를 사는 돈, 헌금, 지위 상징과 같은 비상업적인 기원에서 시작되었으며 어느 문화권에서나 주화나 지폐 이외에도 화폐의 기능을 하는 다양한 항목이 있다고 주장한다. 금전 만능주의의 폐해에서 벗어나고자 심리학자들도 최근에 화폐에 대해 인류학적으로 통찰하려는 의지를

---

19 버나드 리테어, 『돈, 그 영혼과 진실, 돈의 본질과 역사를 찾아서』, 강남규 옮김, 참솔, 2004, pp. 56~57.

점점 더 많이 드러내고 있다.[20] 화폐의 기능을 인류학적으로 다양하게 이해하려는 것은 돈의 공공적인 측면보다 개인적인 측면만을 중시해 왔고 돈의 사회적 역할을 경시해 왔던 지금까지의 시각에서 벗어나 화폐의 진정한 본질을 인식하려는 시도이다.

4.1. 돈의 기원

절대적 교환가치로 자리 잡은 돈의 위세는 돈의 기원에 대해 살펴보는 순간부터 약화된다고 할 수 있다. 자본주의 이전이나 이후 할 것 없이, 인간은 언제나 돈을 향한 욕망과 열망 속에서 살아 왔다. 그러므로 돈의 기원, 즉 개인적 차원과 집단적 차원에서 인간의 내면 심리에 자리 잡고 있는 돈에 내재된 원초적인 이미지를 이해하는 일은 돈을 단순히 물질의 상징으로만 이해하기보다는 관계의 형태나 상징으로서 다시 보게 만든다. 돈의 기원에 대한 고찰은 맹목적으로 돈을 추종하는 현대인에게 돈의 본질을 환기시키며, 직접적으로 모든 것을 대체하는 돈이 아니라 더욱 복합적인 중간 매개체로서의 돈에 접근하도록 이끈다.

대부분의 주류 경제학자들은 돈의 기원[21]은 거래비용을 축소하고 효율적으로 물물 교환을 대체하기 위해 나타났다는 가설에서 시작한다. 이들은 돈의 계산화폐 기능이나 지불 수단 기능이 아니라 돈의

---

20 아드리안 편함, 미첼 아질레 공저, 앞의 책, p. 52
21 한찬욱, 「돈의 기원과 본성에 관한 고찰」, 산업기술연구소 논문집, 31, 2013, pp. 160~177.

교환수단과 가치저장 기능을 강조한다. 그러나 수메르 같은 고대사회의 경우를 보면, 돈은 처음에 시장이 아닌 신전에서 행정적 편의를 위하여 계산 단위로 출현하였고 나중에 사회로 퍼졌다. 주화를 사용한 고대 그리스의 경우도, 국가나 관청, 왕국, 사원 같은 권위 있는 공공기관들이 돈의 가치를 보증하는 가운데 인위적으로 과세 및 납세를 위해서 발행되었지, 시장에서 거래비용을 줄이기 위해서 자생적으로 출현한 것이 아니다. 주화는 신뢰에 의해서만 지탱되고 그런 신뢰는 주화의 본질적 가치보다 더 높은 관습적 가치를 가졌었다. 이를 통해볼 때, 계산화폐로서의 화폐가 먼저 생겨나고 나중에 교환수단의 기능을 갖게 된 것이며, 교환수단의 기능에서 계산화폐가 생겨나지 않았다. 사실 돈이 절대적 교환가치로서 자리 잡게 된 것은 자본주의의 출현과 발달 덕분이라고 할 수 있다. 이러한 돈의 기원과 더불어 다음에 살펴볼 돈에 내재된 원형적 이미지는 사람들을 돈의 노예로 굴복시키는 금전 만능주의의 폐해에서 벗어나 돈에 협력과 우애의 영혼을 불어넣을 수 있는 길을 보여준다.

4.2. 돈의 원형적 이미지

로마인들은 주노 여신의 신전에서 주화들을 만들었는데, 주화제조에 여신의 은총이 있다고 믿었기 때문이었다. money라는 단어는 바로 모네타라는 별칭을 가진 이 여신의 이름에서 나온 것이다. 그런 연유에서인지 돈에는 마법의 힘이 있어 인간에게 부와 건강을 가져다준다는 믿음이 깃들어 있었고 지금도 우물이나 강물, 분수에 동전을 던지며 소원을 비는 풍습은 이러한 사고방식의 흔적으로 볼 수 있다. 동전을 던지는 사람들은 돈이 저 너머의 어떤 신적인 존재와 우리를 연결할 수도 있다고 믿는다.[22] 게다가 사람들은 지폐와 동전에 일종의 거울처럼 당시 사회상을 반영하도록 도안하거나 자신들의 이상과 형상을 화폐에 담으려고 애썼다. 이렇게 돈이 자연세계는 물론 영적인 의식과 제사 영역에도 연관되며, 당시 시대의 영혼, 즉 그 사회 구성원이 가지고 있는 집단 무의식의 원형을 반영한다는 점에서 개인과 사회가 돈과 맺는 관계를 원형적 시각에서 새롭게 해석하는 일이 필요하다.[23]

리테어[24]는 인간의 마음이나 사고가 바로 돈을 향한 욕망과 열망, 염원 등이 발원하는 곳이기 때문에, 즉 인간의 영혼을 환상에 취하도록 만드는 중요한 요인이 돈이 되기 때문에 사람들의 영혼을 제대로 이해하려면 인간 내면에 자리 잡은 돈의 이미지를 통해 돈에 대한 콤플렉스, 돈에 대한 상상을 해부해야 한다고 말한다. 돈의 이미지 중에서 가장 본질적인 이미지에 해당하는 이미지가 바로 '위대한 어머니' 상[25]이다.

---

[22] 페르 에스벤 스톡네스, 『경제학이 알려주지 않은 화폐의 심리학』, 이주만 옮김, 영진미디어, 2010, p. 29.

[23] 위의 책, p. 36 : 융에 의하면 원형이란 인간생활의 기본적인 주제에 대한 정신적 이미지를 만들어내려는 내적 성향으로 심리적 본능과 다르지 않으며 현대 사상 역시 이와 같은 원형적 패턴에서 벗어나지 않는다.

[24] 버나드 리테어, 『돈, 그 영혼과 진실, 돈의 본질과 역사를 찾아서』, 강남규 옮김, 참솔, 2004.
여한구, 「목회상담에서의 돈의 상징에 대한 영성적 이해」, 『목회와 상담』, 제12호, pp. 126~153.

[25] 융의 원형과 무의식에서 모성 원형은 상식적 이해를 넘어서는 지혜와 정신적

화폐로 널리 활용된 물건이 가축이나 조가비라는 사실은 돈에 내재된 원형적 의미를 밝히는 데 기여한다. 새끼를 양육하고 보호하기 위해 외부공격에 맹렬하게 저항하는 가축은 풍요와 다산의 원형인 여성과 밀접하게 연결되어 있으며, 위대한 창조자, 위대한 어머니를 상징한다. 성적인 즐거움. 번영, 기회. 비옥함과 관련이 있는 조가비는 물과 관련되어 생명의 잉태와 탄생을 의미하는 동시에 죽음과도 연결되어 있다. 구석기시대의 고분에서 대량으로 발굴된 조가비는 죽음이 물의 우주론적인 원리, 달, 여성, 부활의 이미지 등과 상통함을 말해준다. 이밖에도 여성과 화폐의 연관성은 다양한 문화권에서 발견된다. 중국 엽전 가운데 사각형 구멍은 실로 꿰기에 불편한 만큼 운송용이 아니다. 양(하늘)에 해당하는 엽전의 동그란 모양과 음(대지)에 해당하는 네모난 구멍은 위대한 어머니의 수태능력이 돈의 가운데 구멍과 닿아 있음을 의미한다.[26] 이처럼 돈의 초기 형태에는 위대한 어머니의 성격이 강하게 배어있으며, 이는 풍요와 다산을 상징하는 여성과 돈의 관계를 재확인하게 해준다. 그러나 위대한 어머니상은 이런 의미만 있는 것이 아니라, 물질과 영혼, 몸과 마음, 여성과 남성, 성과 영혼, 자연과 인간, 전체와 개별 사이의 분열을 통합하는, 자연에 존재하는 모든 생명의 통일을 상징한다.

돈이 이런 원형적 이미지를 잃어버리게 된 것은 모권사회에서 부권

인 숭고함, 자애로움, 양육, 풍요와 성장을 제공하는 한편 본능이나 충동이며, 어둠, 심연, 죽은 자의 세계, 삼킴과 유혹 등 두려움을 유발한다. 모성이나 여성적 상징은 "위대한 어머니 원형"과 밀접한 관련이 있다.

[26] 리테어, 앞의 책, pp. 59~67

사회로 넘어간 시기와 일치한다. 위대한 어머니 문화가 사라지면서 극단적인 이분법의 가부장적인 지배논리와 현대인류와 자연을 파괴할 수 있는 물질만능주의가 자리 잡았을 뿐만 아니라, 위대한 어머니의 원형이 억압될 때마다 자신을 드러내는 그림자라는 극단적인 대립구도를 갖게 된다는 것이다. 즉 원형의 에너지가 한편에서는 극단적으로 넘쳐흐르고, 다른 한편에서는 과부족상태가 되는 상태에서 동전의 양면처럼 양극을 가지는 '그림자'가 나타난다는 것이다.

어머니 원형을 잃어버릴 때 파생되는 그림자는 돈에 대한 집단 무의식을 이해하는데 필수적이다. 이 그림자는 바로 돈에 대한 양극적 감정, 즉 탐욕과 빈곤에 대한 두려움으로 나타난다. 돈의 원형인 위대한 어머니 상이 억압되면서 탐욕과 빈곤에 대한 두려움이 자리 잡게 되었다는 것이다. 가부장적 사회가 자리 잡으면서 바로 이 두 그림자가 돈과 인간의 관계를 규정하고 감정을 지배해왔다. 무자비한 침략과 전쟁, 남성이 절대적 지위를 가지고 여성억압이 일상화되는 사회는 또한 재물과 권력에 대한 한없는 욕망, 자신과 타인의 고통에 대한 무관심을 낳는다고 할 수 있다.[27] 리테어는, 현대의 화폐 시스템은 바로 이 원형의 그림자 속성을 지니며, 돈의 축적 욕망을 우상화하고, 탐욕과 빈곤에 대한 두려움이라는 두 가지 그림자를 강화시킨다고 본다.

국내 도박자 중에서 중하층민이 돈에 강한 집착을 보이며 도박에 더 많이 빠져드는 이유도 돈에 내재된 원형적 어머니상을 토대로 이해될 수 있다. 이들은 바로 위대한 어머니라는 원형을 잃은 데서 발현된

---

[27] 위의 책, p. 79

두 그림자, 탐욕과 빈곤에 대한 두려움에 영향을 받기 때문임을 알 수 있다. 리테어는 가부장제도가 '위대한 어머니'와 여성을 억압해왔다면 절대적 교환가치의 화폐경제는 그 결과였으며, 이 두 체제는 비극적 영웅주의를 만들어낸다고 말한다. 대박 환상을 바라며 도박에 뛰어드는 사람들은 어떤 대가를 치르더라도, 어떤 고통이라도 극복하고 어떤 싸움에서도 이겨내고 보물(=돈)을 찾아 금의환향하는 영웅 신화의 주인공을 닮았다. 도박 중독자들의 강박적이고 맹목적인 승부욕이나 돈에 대한 집착은 영웅 원형의 어두운 면이라 할 수 있다. 그러나 영웅들은 고통을 감수해야하는 운명 덕분에 삶 자체에 무감각해지며, 삶 자체의 기쁨을 상실한 인간이다. 소중한 것을 희생시킬 수밖에 없는 영웅 옆에서 사람들은 힘만 들거나 영웅의 여정에서 희생당할 수밖에 없게 된다는 것이 문제가 된다. 한국처럼 빠른 경제성장으로 부유해진 나라가 몇몇 가난한 나라보다 행복지수가 낮은 이유를 설명해주는 대목이라 할 수 있다. 모두를 생명의 길로 이끌기보다 죽음의 길로 이끄는 비극적 영웅을 양산하지 않으려면 돈의 절대적 교환가치가 아닌 다른 가치에 대해 말하는 것이 필요하다.

사실 돈이 가진 양 극단의 그림자인 탐욕과 빈곤은 우리의 적이 아니다. 이 두 그림자는 인간이 끊임없이 진보를 추구하도록 이끈 원동력이라는 역설적인 면도 갖고 있다. 그러므로 이 그림자들을 적대시하기보다는 탐욕과 빈곤에 대한 두려움을 극복하고 잃어버린 돈의 원형, 즉 위대한 어머니 상을 찾으면서 본래의 균형을 되찾는 일이 필요하다. 이러한 탐색은 모권사회로의 환원이 아니라 남성 중심적인 시각에 지나치게 의존해왔음을 반성하고 남성과 여성, 이성과 감성, 영혼과 물질, 문화와 자연, 창조성과 감수성을 대립적으로 보거나 한쪽의 우위를 강조해왔던 시각에서 벗어나 두 에너지의 통합을 시도하고 둘 사이에 적절한 균형을 유지하기 위해서이다. 이러한 통합은 지배자로서의 돈이 아니라 인류에 기여하는 수단으로서의 돈의 본질을 되찾기 위한 것이다. 최근에는 생명의 원천이며 성스러운 양육자의 이미지가 들어 있는 돈의 이미지를 다시 찾기 위한 구체적 시도들이 등장하고 있다.

5. 매개자로서의 돈과 대안화폐의 등장

절대적 교환가치로서의 돈이 아닌 다른 모습의 돈을 탐색한다는 것은 '개인과 사회의 새로운 존재가능성을 탐색하는 운동의 시발점'[28]이라 할 수 있다. 『모모』의 작가 엔데는 자연과 환경을 파괴하고 빈부의 격차를 심화시키고 있는 현대의 금융 시스템이 많은 문제점을 유발하고 있는 이상 돈의 문제가 해결되어야 우리 문화와 관련된 모든 문제가 해결된다고 보았으며, 돈이 절대적 가치로서가 아니라 실제 노동과 물적 가치에 대한 등가 대상으로서의 가치로 자리 잡기를 원했다.[29] 리테어 역시, 중세시대와 고대 이집트[30]에서 사용된 음의 화폐를 소개

---

28 김찬호, 『돈의 인문학, 머니게임의 시대 부의 근원을 되묻는다』(서울: 문학과
지성사, 2011), p. 11
29 카와무라 아츠노리·그룹 현대, 『엔데의 유언』, 김경인 옮김(서울: 갈라파고스,
2013), p. 51

하면서 교환을 위한 매개수단이라는 본연의 기능을 되살리고 이자를 배제하는 화폐시스템을 옹호하면서, 돈에 대한 축적 욕망을 약화시키는 방법으로 다른 교환수단, 대안이 존재하는 사회를 탐색해야 한다고 말한다. 하층민을 비롯해 모든 계층이 골고루 번영을 누린 이들 사회는 양의 화폐 시스템과 음의 화폐시스템을 공동으로 사용했는데, 전자는 지불수단, 가치저장수단으로 활용되는 화폐이며 후자는 가치저장수단이 아니라 단순히 교환수단으로만 쓰이는 화폐로서, 화폐를 축적하고 소유하려는 욕망을 약화시키는 동시에 원활한 유통을 이끌어냈다. 그 결과 최하 빈곤층도 상당히 높은 화폐의 접근도를 누릴 수 있게 되면서 전 계층이 골고루 경제적 혜택을 누리며 물질적 풍요를 누릴 수 있었다. 이런 시스템의 선례는 풍요로운 사회를 건설하기 위해 현재 진행되고 있는 각 지역의 화폐 운동에 좋은 선례가 된다. 새로운 화폐시스템으로 등장한 타임 달러는 현대판 품앗이로 일한 시간만큼 다른 사람의 재화 또는 서비스를 이용할 수 있는 권리이다. 이자 없는 얼 크레디트 화폐는 거래 참여자들 사이에 경쟁이 아니라 협력을 일반화시킨다. 브라질의 커리티바 시민들은 최근 25년 동안 소득 중의

---

30 수확된 곡물을 비축창고에 보관하면 납입한 곡물의 양과 날짜가 찍힌 사기조각을 받고, 이 사기조각은 창고에 저장해둔 곡물을 담보로 하는 돈으로 사용된다. 곡물의 손실과 관리비용에 따른 감가비율이 돈에 반영되면서, 마이너스 이자의 돈이 된다. 축적해놓을수록 손해이기 때문에 농민은 자신의 부를 돈의 형태로 소유하지 않고, 관개시설을 정비하거나 토지를 개량하는 것 같은 장기적인 이익을 가져다 줄 것에 투자했고, 그 결과 나일 강 유역은 곡물생산이 증가하면서 풍요로운 곡창지대가 되었다. 로마가 이집트를 정복하고 자신들의 돈의 구조, 즉 플러스 이자가 붙는 화폐시스템을 강요하자 이집트의 번영도 끝나고 말았다(리테어, 앞의 책, p. 282; 카와무라 아츠노리, 위의 책, p.270)

30%를 대안화폐로 지급받음으로써 최저 빈곤층의 생활수준뿐만 아니라 시 전체의 1인당 소득도 빠르게 성장했다. 공동체 살림살이에 긍정적인 효과를 가져온 이와 같은 대안화폐는 통화영역에서 양과 음의 개념을 유발하는 원동력이 된다. 양의 화폐는 계급적인 질서에 기반을 두고, 화폐 형태로 축적과 사용자들 사이에 경쟁을 부추긴다. 반면 음의 화폐는 이타주의적이고 평등한 질서를 바탕으로 축적을 억제하고 경쟁보다는 사용자 사이의 협력을 조장한다.[31]

현대인이 일상적인 교환행위를 통하여 무의식적으로 느끼는 빈곤에 대한 두려움과 돈에 대한 숭배 등은 현대 화폐 시스템의 본성인 이상, 돈은 현대사회에서 인간이 앓고 있는 물질적 정신적 질환과 고통을 야기하는 숨겨진 원인이다. 돈 그 자체가 절대적인 가치를 지니게 되면 돈의 무한한 획득과 축적이 목적이 되며, 이는 빈부격차를 심화시키며 사회적 무능력자와 소외자들을 양산한다. 사회적 관계와 협동을 촉진해야 할 돈이 오히려 사람과 사람 사이의 관계를 가로막으며, 죽음과 빈곤을 낳는 것이다. 가난하고 소외되었던 방글라데시 사람들이 그라민 은행을 통해 무담보로 소액을 융자받은 후 스스로 일을 통해 원금을 갚았을 때의 희열을 증언할 때, 빈곤이 단지 돈이 없는 경제의 문제만이 아니라, 사회에서 격리되어 자신의 능력을 펼치지 못하는 상황이 빈곤의 본질임을 보여준다. 이들에게 돈은 자신들의 잠재된 능력을 찾아내서 창조력을 발휘하게 하고 거기서 느낀 커다란 기쁨을 통해 자아의 인격과 사회적 관계를 회복하도록 이끄는 촉진제

---

[31] 리테어, 앞의 책, pp. 323~25.

역할을 한 것이다.[32]

지역 통화 속에서 돈이 단지 교환의 도구로만 기능하는 지역화폐 레츠 lets: local exchange and trade system 역시 사람들의 삶을 향상시키는 매개자로서의 돈의 역할을 수행하고 있다. 레츠는 실업자나 소외계층이 실제로 필요로 하는 가치의 생성과 유통을 주목적으로 발행되는 화폐로서 이들을 경제적인 빈곤에서 탈출시킬 뿐만 아니라 이들이 사회적 고립과 무기력을 극복하고 타인 및 사회와의 접점을 회복하는 데 기여하고 있다.[33] 이런 지역화폐의 등장과 더불어, 시민들이 지역에 필요한 사업에 출자하거나 예금자가 사회복지나 자연환경보호와 같이 사회적으로 의미 있는 사업에 공헌하는 점을 보다 높은 이윤보다 더 가치있게 보고 그에 걸맞은 프로젝트에 선별투자하는 소셜뱅크도 나타나고 있다(예: 독일의 GLS 은행). 독점하고 축적하는 대상으로서, 타인을 지배하는 도구로서의 돈이 아니라 사회적 협동을 이끌어내고 삶을 풍요롭게 가꾸는 화폐시스템은 인간과 돈의 관계를 건강하고 행복하게 변화시킬 수 있다. 이와 같은 다양한 돈의 형태는 돈에 대한 인식의 변화를 가져올 것이고 도박의 동기에서 금전 동기의 양면성(돈이라는 절대반지를 획득하고자하는 대박 환상과 회피동기)을 치유하고 도박과 돈의 관계도 건강한 관계로 이끄는 데 공헌할 수 있다고 본다.

---

[32] 김찬호, 앞의 책, pp. 141~42.
[33] 위의 책, p. 149.

6. 나가기: 돈에서 도박으로

최근의 도박과 관련된 기사[34]를 보면 한국 도박 중독 유병률이 2014년 5.4%로 영국 2011년 2.5%, 프랑스 2011년 1.3%, 호주 2010년 2.4%에 비해 여전히 2배 이상 높은 수준이다. 그리고 프로 스포츠의 발달, 불법 온라인 도박의 급증과 관련. 도박장에 가지 않고도 쉽게 돈을 벌 수 있다는 생각으로 온라인 불법도박에 참여하는 20~30대 층이 증가하고 있으며, 그와 더불어 도박 중독이 급속도로 증가하고 있다고 보고된다. 중독재활 전문가인 이 기사의 필자는 도박의 폐해를 최소화할 수 있도록 관리와 감독이 필요하고, 합법 사행산업은 불법적 도박 수요 흡수방법을 모색하고, 사행산업성장과 확장은 억제해야 하며, 중독 치유와 재활을 위해 정부와 사회의 지원이, 회생의지가 있는 이들에게는 개인 회생 및 파산면책 등의 구체방안을 검토할 필요가 있다고 말한다. 이제는 도박 중독의 예방과 치유를 위해 더욱 적극적으로 정부와 사회, 시민 모두가 나서야 한다고 말한다.

그러나 우리가 도박과 돈의 관계를 살펴보았듯이, 병적 도박을 방지하기 위해서는, 도박에만 한정되고 치중되는 정책들보다, 좀 더 넓은 차원에서, 개개인과 집단에 내재된 돈에 대한 인식을 점검하고 돈에 대해 균형 잡힌 시각을 유도하는 방법들이 필요하다고 본다. 돈이 절대적 교환가치를 가지는 시스템 속에서는 아무리 좋은 도박 중독 방지책이 있다하더라도 돈만 따게 되면 모든 것을 다 이룰 수 있다고 보는

---

[34] 2015년 9월 17일 조선일보 기사, 김영호.

도박자들-영웅의 귀환을 꿈꾸는 이들-이 양산되는 것을 피할 수 없을 것이다. 2015년 9월 18일 신문 기사에는 병적 도박에 빠진 몇몇 한국인을 대상으로, 도박으로 진 빚을 가족 등 주변사람에게 금전적 도움을 받지 않고 스스로 일을 해서 갚도록 실험한 결과, 병적 도박자들 자신이 뭔가 해내었다는 자부심과 긍지를 느끼게 되면서 다시 도박에 빠지지 않게 되었다고 보고되고 있다.[35] 우리가 앞에서 보았던 돈의 진정한 역할, 자신과의 통합을 이루는 돈의 역할을 다시 한번 깨닫게 해주는 내용이라고 본다. 통합된 자아를 찾게 해준 노동과 돈의 결합이야말로 돈에 영혼을 돌려준 행동이며, 도박에 있어서 돈에 대한 새로운 접근이 새로운 해결의 실마리를 제공했다고 할 수 있다. 도박이 진정한 놀이로서의 기쁨을 회복하기 위해서는, 돈에 깃든 '위대한 어머니'의 원형을 되찾아 이타주의적이고 평등한 질서를 바탕으로, 탐욕과 빈곤의 축을 매개로 하는 무한한 축적에 대한 욕망을 억제하고, 경쟁보다는 사용자 사이의 협력을 조장하는 매개자로서의 돈, 영혼이 있는 돈을 회복하는 일이 무엇보다 필요하다고 본다. 절대적 교환가치로서의 돈의 막강한 횡포를 약화시킬 수 있는 대안적 사고 없이는 우리는 도박 트라우마를 극복할 수 없다고 본다.

---

35 중앙일보, 2015 9월 18일 기사: 중앙일보와 한국도박문제 관리센터가 도박 문제 인식주간(9월14-20일)을 맞아 도박 중독에서 벗어난 13명을 대상으로 중독 극복과정을 분석한 결과, 도박 중독에서 빠져나올 수 있었던 데는 우선 가족 등 주변사람들에게서 금전적 도움을 절대 받지 않고 스스로 빚을 갚으면서 도박자 자신이 뭔가를 해냈다는 생각을 가지게 한 것이 다시 도박에 손대는 것을 막을 수 있는 가장 좋은 방법이라고 보고하고 있다.

■ 참고문헌

거다 리스,『도박』, 김영선 옮김, 꿈엔들, 2006.

김교헌·권선중,「병적 도박자의 심리적 특성 및 예측 요인」,『한국심리학회지: 건강』, 2003, vol 8(2), 261~277.

김찬호,『돈의 인문학, 머니게임의 시대 부의 근원을 되묻는다』. 문학과지성사, 2011.

버나드 리테어,『돈, 그 영혼과 진실, 돈의 본질과 역사를 찾아서』, 강남규 옮김, 참솔, 2004.

아드리안 펀함·미첼 아질레,『화폐심리학』, 김정휘 외 공동번역, 학지사, 2003.

여한구,「목회상담에서의 돈의 상징에 대한 영성적 이해」,『목회와 상담』제12호, 126~153.

이경희·도승이·김종남·이순묵,「도박 이용자의 도박 중독 과정에 대한 질적 연구」『한국심리학회지: 건강』, 2011, vol. 16. no. 1. 189~213.

이흥표,『도박의 심리』, 학지사, 2002.

이흥표,「도박동기와 병적 도박의 관계」,『한국심리학회지: 건강』, 8(1). 169~189.

장-디디에 뱅상,『인간 속의 악마』, 류복렬 옮김, 푸른 숲, 1997.

카와무라 아츠노리·그룹 현대,『엔데의 유언』, 김경인 옮김, 갈라파고스, 2013

페르 에스벤 스톡네스,『경제학이 알려주지 않은 화폐의 심리학, 이주만 옮김, 영진미디어, 2010.

한찬욱,「돈의 기원과 본성에 관한 고찰」,『산업기술연구소 논문집』31, 서경대학교, 2013, 160~177.

Etude exploratoire sur les perceptions et les habitudes de quatre communautées culturelles de Montréal en matièere de jeux de hasard et d'argent, Elisabeth PAPINEAU (responsabilite), et al, INRS Urbanisation, Culture et Société, Novembre 2005, www.inrs-ucs. uquebec.ca.

놀이의 유혹

-세기전환기 오스트리아 문학텍스트에 나타난 놀이의 양상 연구*

김성현

놀이는 문화적 현상이다

– 요한 하위징아 –

놀이는 필연적으로 문화의 일반적인 특징을 반영한다

– 로제 카이와 –

1. 들어가는 말

놀이를 문화와의 관계 속에서 처음으로 고찰한 인물은 요한 하위징 아다. 하위징아는 문명의 발전 과정에서 놀이가 중요한 역할을 하였

---

* 이 글은 학술지 『유럽사회문화』 제15호(2015년)에 게재되었던 논문을 수정하여 재수록한 것임.

다고 강조하며 의례, 축제, 종교, 예술, 철학, 법률, 전쟁분야에서 문화적 현상으로서의 놀이의 본질 및 의미를 설명하고자 하였다. 하위징아의 놀이이론에서 더 나아가 놀이와 문화의 상호관계에 주목하면서 놀이의 영역을 새롭게 나눈 이는 로제 카이와다. 하위징아가 놀이와 문화와의 관계에서 문화를 만들어내는 놀이의 '생산적' 기능, 즉 놀이의 사회적 효용성 측면에 초점을 맞추고 있는 반면에 카이와는 놀이를 문화발전을 가능하게 하는 원천으로 인정을 하면서도 놀이의 특성에 따른 분류와 놀이의 사회적 기능의 '차이점'에 더 강조점을 두고 있다.

하위징아가 놀이현상이 문명의 특정 단계나 특정 세계관과 연계된 것이 아니라고 한 것과는 달리 카이와는 놀이가 그것이 실제로 행해지는 문화에 크게 의존하고 있다며 사회와 그 사회가 특별히 좋아하며 행하는 놀이 사이의 '특별한 관계'를 언급하는데, 놀이가 문화의 구성요소이며 문화의 이미지이기 때문에 한 문명 내부의 한 시기는 '인기 있는 놀이'를 통해 특징지어질 수 있다고 말한다.

이 글에서는 놀이가 문화를 만들어내며 또한 문화의 일반적인 특징을 반영한다는 놀이와 문화와의 관계 설정에서 출발하여 세기전환기 오스트리아의 수도 빈 사회의 놀이와 문화를 살펴보고자 한다. 슈테판 츠바이크가 "유럽의 도시 중에서 빈 만큼 문화적인 것에의 욕구를 그렇게 열정적으로 가지고 있는 곳은 없다"[1]라고 했을 정도로 커다란 '문화적 변화기'로 평가되는 세기전환기의 빈은 실제로 문화의 대표

---

[1] Stefan Zweig, *Die Welt von Gestern*, Hamburg, 1990, S. 26.

적 유형인 '놀이'로 가득 찼던 곳이다. 당시 빈의 중간계급이던 부르주아는 다양한 놀이양식을 즐기며 놀이에 열광했다. 카이와가 분류한 '아곤', '알레아', '미미크리', '일링크스'의 영역에 속하는 다양한 놀이양식이 세기 전환기의 빈에서 유행하였으며 이 놀이양식들은 당대 부르주아의 삶의 태도와 결부되어 이들의 삶에 큰 영향을 끼쳤다.

카이와는 '경쟁', '우연', '모의', '현기증'이라는 특성에 따라 놀이를 크게 네 개의 항목으로 분류하고 이 항목들을 각각 아곤 Agōn(그리스어로 시합, 경기를 뜻함), 알레아 Alea(라틴어로 요행, 우연을 뜻함), 미미크리 Mimicry(영어로 흉내, 모방을 뜻함), 일링크스 Ilinx(그리스어로 소용돌이를 뜻함)로 이름 붙였다. 그리고 경쟁이라는 형태를 띠는 스포츠는 아곤에, 우연성이 강조되는 내기, 제비뽑기, 주사위놀이, 룰렛 등은 알레아에, 가면극, 연극 등은 미미크리에, 현기증을 유발하는 회전, 공중서커스 등은 일링크스에 포함시킨다.

물론 카이와가 놀이를 이와 같이 크게 네 개의 유형으로 분류하였지만 모든 놀이들이 하나의 특성만을 가지는 것은 아니다. 하나의 놀이 유형에도 놀이의 여러 특성이 조합되어 나타날 수 있다. 카이와는 이론상으로는 경쟁-운(아곤과 알레아), 경쟁-모의(아곤-미미크리), 경쟁-현기증(아곤-일링크스), 운-모의(알레아-미미크리), 운-현기증(알레아-일링크스), 모의-현기증(미미크리-일링크스)의 조합이 가능하다고 말한다.[2]

---

[2] 카이와는, 특히 모의와 현기증의 조합(미미크리와 일링크스의 조합) 그리고 경쟁과 우연의 조합(아곤과 알레아의 조합)에 대해 관심을 갖고 이에 대해 자세히

위의 조합에서 보듯, 아곤, 알레아, 미미크리 모두 현기증, 도취, 최면상태, 흥분상태를 의미하는 일링크스와 조합이 이루어진다. 일링크스는 그 어떤 놀이형태보다 중독성이 강하며, 평상시에는 억제되어 있는 혼란 및 파괴의 욕구와 쉽게 연결된다.[3] 일시적 추구에 만족하지 못하고 중독으로 이어진다면 중독에 의해 일링크스는 현실 속에 점점 더 크게 침입하며 이 침입은 점점 더 유해한 것이 된다. 물론 이와 같은 놀이의 '타락'은 아곤, 알레아, 미미크리에서도 발생할 수 있다. 카이와에 따르면, 아곤의 타락은 심판 판정 및 놀이 규칙의 거부로, 알레아의 타락은 미신에 대한 신봉으로, 미미크리의 타락은 환상세계에의 몰입으로 나타난다. 그러나 이 글에서는 일링크스의 특성을 보이며 카이와가 설명한 것과는 다른 양상으로 나타나는 아곤, 알레아, 미미크리의 타락을 살펴보고자 한다. 카이와가 특성에 따라 분류했던 놀이의 종류는 놀이를 지배하는 원초적 충동을 말하는 것인데, 이는 인간의 원초적 충동이기도 하다. 놀이는 이 본능들을 형식적, 관념적인 일정한 한계 내에서 일상생활과 떨어져서 만족시키는 것인데 이러한 놀이가 현실세계와 서로 뒤섞이고 현실세계에 파문을 일으키는 경우를 카이와는 '놀이의 타락'[4]이라고 부른다.

설명하고 있다.

[3] 로제 카이와, 『놀이와 인간』, 이상률 옮김(서울: 문예출판사, 1994), p. 54. 카이와는 흥분, 혼란 및 파괴의 욕구가 인간의 원초적 충동임을 전제하고 있다.

[4] 이 글에서는 놀이가 어떻게 놀이하는 자를 '타락'으로 '유혹'하여 놀이하는 자의 현실세계에 영향을 끼치는지 살펴보고자 하였다. 또한 이러한 영향의 결과는 카이와가 설명한 '타락한' 놀이의 양상과는 다른 양상을 보여주기에 이 글의 제목에서는 카이와의 '놀이의 타락' 대신 '놀이의 유혹'이라고 표현하였음을 밝

하위징아가 정의한 대로 놀이가 언제든지 연기되거나 정지될 수 있는 자유로운 행위, 자유 그 자체이며 제한된 시간과 장소에서만 이루어지는, 일상적인 삶에서 벗어난 행위라면, 놀이의 타락은 일어나지 않을 것이다. 그러나 카이와는 하위징아와 마찬가지로 놀이를 일상의 삶 혹은 현실세계와 분리된 '별도의 활동'이라고 규정하지만 놀이가 현실세계와 구분되어 있기 때문에 오히려 일상생활에 의해 오염되어 놀이의 성질 자체가 타락하거나 놀이가 일상생활에 끼어들어 파문을 일으킬 수 있다고 설명한다.

다음 장에서는 현실세계와 분리되어 있던 놀이가 현실세계로 끼어들어 어떠한 영향을 끼치는지, 놀이가 주요 테마로 다뤄지고 있는 세기전환기 오스트리아의 대표적 작가인 아르투어 슈니츨러와 슈테판 츠바이크의 문학텍스트[5]에서 구체적으로 살펴보려고 한다. 이는 아울

혀둔다.

5 '세기말 fin de siècle', 또는 '세기전환기 Die Jahrhundertwende'라는 예술사적, 문예학적 표현은 일반적으로 1900년 전후의 시기를 일컫지만 사실 그 시대적 경계가 명확하지 않다. 이 글에서는 1860년대 이후 빈이 예술 및 문화의 도시로 성장한 시기에 이 시기의 예술적, 문화적 정체성을 토대로 작품 활동을 한 작가들을 세기전환기 시기의 작가라고 간주하였으며 따라서 이 글에서 다루는 슈니츨러와 츠바이크 문학텍스트의 출간년도의 시간적 간극이 큼에도 불구하고 슈니츨러와 더불어 츠바이크를 세기전환기 작가로 포함시켰음을 밝혀둔다. 부유한 유태인 집안의 아들로 오스트리아 빈에서 태어난 슈니츨러와 츠바이크는 세기전환기 빈의 문화와 예술을 만든 시민계급에 속하는 이들이었다. 또한 츠바이크는 제한된 갈등상황에서 개인의 심리를 다룬 주제라는 측면에서는 슈니츨러와 연결된다고 본다. 이에 대해서는 Victor Zmegac (Hg.) *Geschichte der deutschen Literatur vom 18. Jahrhundert bis zur Gegenwart, Bd. II 1848~1918*, Königstein/Ts, 1985, p. 302 참조. 츠메각은 츠바이크의 『Amok』(1922)와 『Verwirrung der Gefühle』(1927)를 이에 대한 예로 들고 있고 『체스 Schachnovelle』

러 빈의 문화와 이 문화를 만들어 낸 시민계급의 삶 및 정체성을 고찰하는 것이기도 하다.

2. 미미크리의 유혹- 아르투어 슈니츨러의『초록 앵무새』

칼 쇼르스케는 20세기가 시작된 무렵의 오스트리아 빈은 '감성의 문화 Gefühlskultur'에 압도당하고 잠식당했다고 진단한다. 쇼르스케의 설명에 따르면, 이 시기의 오스트리아 부르주아는 예술에 더욱 열중하였는데, 이러한 현상은 부르주아의 삶이 실패한 데서 오는 불안에서 기인한 것이라고, 즉 귀족계급은 몰락하고 부르주아는 부를 소유했지만 결코 귀족계급과 동일시될 수 없었던 부르주아의 귀족문화에 대한 동경이 예술에 대한 열광으로 이어진 것이라고 한다. 슈테판 츠바이크 역시 자신의 전기『어제의 세계 Die Welt von gestern』에서 세기전환기의 빈 시민들[6]이 얼마나 문화에 열광하였는지 언급하고 있다. 특히 미미크리의 대표적 유형이라 할 수 있는 연극에 대한 빈 시민들의 열광은 대단한 것이었다고 한다. 빈 시민들이 조간신문에서 가장 관심을 가졌

(1942)의 경우 망명문학으로 분류하고 있지만 필자는『체스』가 나치의 심문이라는 제한된 상황에서의 개인의 심리 및 정신의 변화를 보여주는 작품이라고 보았다.

6 세기전환기 오스트리아의 중간계급의 모습을 설명하고 있는 칼 쇼르스케, 피터 게이, 슈테판 츠바이크의 글에서도 부르주아와 시민이라는 용어를 저자마다 달리 사용하고 있다. 이 글에서는 부르주아와 시민이라는 용어를 혼용하고 있음을 밝혀둔다.

던 것은 극장의 상연목록에 관한 것이었고, 극장은 배우들이 희곡작품을 연기하는 단순한 무대 이상의 것이자 대우주가 반영되는 소우주이자 사회의 다채로운 반영이며 좋은 취미를 받아들일 수 있는 장소로 간주되었다.

그런데 연극처럼 어떤 인물을 연기 또는 가장하는 미미크리는, 카이와에 따르면 원시사회의 특징적 놀이였다. 카이와는, 미미크리가 특히 일링크스와 강력하게 결합될 수 있으며 이 놀이들의 결합이 극도의 흥분상태를 일으킬 수 있다고 하면서 서인도 제도와 아프리카 부족의 축제 그리고 주술적 행위에서 보이는 샤면과 참여 집단의 황홀과 홀림 상태를 예로 든다. 이처럼 카이와는 미미크리와 일링크스, 즉 가면과 홀림이 지배하는 사회를 원시사회의 특징으로 설명한다. 그리고 가면 사회, 혼란사회, 즉 원시사회에서 미미크리와 일링크스가 차지하였던 특권적인 지위를 문명사회에서는 아곤과 알레아가 차지하게 된다고 말한다.

카이와는 아곤과 알레아, 즉 능력과 운이 지배하는 사회에서 미미크리가 타락하고 희석된 형태를 '대리'라는 용어로 설명한다. 아곤과 알레아의 선택을 받은 극소수의 사람들을 제외한 대다수의 사람은 중개인, 즉 대리를 통해 승리자가 되는 길을 선택한다는 것이다. 이는 스타, 챔피언에 대한 숭배이자 자신과 스타, 챔피언과의 동일시로 나타난다.

이미 언급하였듯이 연극에 열광하였던 빈의 부르주아는 실제로 유명한 연극인들의 의상, 머리모양, 걸음걸이, 말투 등을 따라했는데, 이 인물들에 대한 숭배는 거의 종교적인 수준이었다고 한다. 연극무대는 배우가 단순히 연기하는 장소가 아닌 인생 및 사회가 반영되는 유희의

장으로 빈 시민들에게는 특별한 의미를 지니는 것이었다.

이제 카이와가 원시사회, 즉 혼란사회의 특징적 놀이양식으로 설명했던 미미크리와 일링크스가 세기전환기 오스트리아라는 문명사회 그러나 또 다른 의미에서는 역시 혼란사회[7]이기도 한 이 시기에 연극이라는 형태에서 어떠한 모습으로 나타나고 있는지 살펴보자.

『초록 앵무새Der grüne Kakadu』(1898)는 1789년 프랑스 혁명이 발발한 파리를 배경으로 한 희곡으로, 혁명이 발발한지 100년이 넘은 프랑스와는 달리 여전히 전제주의가 깨지지 않은 채 '혁명을 기다리는' 오스트리아의 정치적 상황을 담고 있으며[8] 이 시기의 빈 시민들의 혼란스러운 정체성을 보여준다. 이 희곡은 원시사회의 주술 및 가면극에서 샤면과 부족민이 홀림 상태에 빠져 현실을 인식하지 못하듯이 연극무대와 현실을 구분하지 못하는 배우와 관객을 보여준다. 주술 및 가면극의 샤면과 부족민이 그러하듯, 연극은 놀이하는 자와 놀이하는 자를 바라보는 자들 간의 경계가 명확하지 않은 놀이라 할 수 있다. 일정시간 동안 놀이하는 자(연기자)는 자신을 다른 인격으로 가장하여 자신을 바라보는 자(관객)를 매혹시키고, 관객은 연기자의 속임수(연기)에 매혹 당하기 때문이다.

1789년 프랑스 혁명이 발발한 파리의 시내에 자리 잡고 있는 카페 '초록 앵무새'에서는 주인 프로스페르가 극단을 운영하며 연극을 상

---

[7] 세기전환기의 빈은 자유주의적 시민계급이 만든 예술의 도시, 문화의 도시이기도 했지만 민족주의, 반유대주의, 시오니즘 등의 대립적 정치세력이 난립했던 정치적 혼란기이기도 하다.

[8] Vgl. Zit. n. Michaela L. Perlmann, Arthur Schnitzler, Stuttgart, 1987, S. 54.

연한다. 프로스페르의 극단에서는 배우들이 범죄자 연기를 하는데, 이러한 연극을 보러 오는 관객은 귀족이다. 프로스페르의 극단은 관청의 고발로 파견 나온 경감에 의해 비도덕적이고 선동적인 것으로 간주되는데, 프로스페르는 이에 대해 "여기서 선동적인 일은 전혀 일어나지 않습니다. 이는 저의 관객이 선동되지 않는다는 것을 보면 알 수 있습니다. 여기서는 단순히 연극이 공연될 뿐입니다. 그게 전부입니다."[9]라고 말한다. 그러나 '여기서'의 연극은 연극으로 그치지 않고 현실세계와 뒤섞이고 마는 것이다.

하위징아는 장소와 시간에 있어서 일상생활과는 뚜렷하게 구분되어 있음을 놀이의 중요한 한 특징으로 설명하고, 카이와 역시 놀이는 본질적으로 생활과 분리되고 구분된 활동으로서 시간과 공간의 명확한 한계 속에서 이루어져야 한다고 강조한다. 그러나 『초록 앵무새』에서는 현실과 놀이, 즉 허구의 세계인 연극무대가 뒤섞인다. 좀도둑 연기를 했던 가스통은 실제로 범죄자(소매치기범)가 되고 살인범 그랭은 범죄자 연기를 해보고 싶어 프로스페르의 극단에 들어온다.

카이와에 따르면 미미크리는 가공의 인물이 되어 그것에 어울리게 행동하는 놀이를 말한다. 다시 말해 놀이하는 자가 자신의 인격을 일시적으로 잊고 바꾸며 버리고서는 다른 인격을 가장하는 놀이를 지칭한다. 연극의 상연과 연기, 가면 쓰는 것이 여기에 해당되는데, 스케볼

9 Arthur Schnitzler, "Der grüne Kakadu", in: Ders.: *Die dramatische Werke, Bd. 1*, Frankfurt a. M., 1962, S. 521. (이하 DgK로 축약하고 쪽수만을 기재함. 아르투어 슈니츨러, 『초록앵무새』, 최석희 옮김 (서울: 지식을 만드는 지식, 2009)의 번역을 참조하였음.)

라가 극단에 새로 들어온 그랭을 보며 "저 녀석은 무슨 가면을 쓰고 있는 거지?"[10]라고 표현하였듯이, 연극무대에서 어떠한 역할을 한다는 것은 '어떠한 가면을 쓰는' 것이다. 그런데 가면을 쓴다는 것은 사회적 역할을 숨기고 실제의 인격을 해방시켜 그 결과로써 얻어지는 방종의 분위기를 이용하기 위함이다.[11] 귀족 관객이 '돼지'라는 소리를 들으면서 범죄자 연극을 보는 것도 이 같은 이유에서이며 배우들 역시 그러하다. 현실에서는 정숙한 아내인 조르주트가 연극에서 거리의 창녀라는 가면을 쓰며 실제로는 조르주트의 남편인 발타자르는 포주의 가면을 쓴다. 조르주트와 발타자르는 연극에 몰입되어 본래의 자신을 잊어버리는 위기를 맞지만 결국 자신들의 가면을 벗어던지고 정숙한 아내와 그 남편이라는 현실의 관계로 돌아온다. 배우들이 연극이라는 허구의 세계와 현실을 혼동하는 것처럼 관객들 역시 현실과 연극을 구분하지 못한다.

> 미슈트: (후작에게 온다) 당신에게 아직 인사를 못했군요. 나의 달콤하고 늙은 돼지.
> 후작: (당황해서) 그녀가 농담을 하는군, 사랑스러운 세브린.
> 세브린: 그렇게 생각하지는 않아요. 말해 봐요, 귀여운 여인이여, 얼마나 많이 정사를 나눴지?
> 후작: (프랑수아에게) 나의 부인, 후작부인이 모든 상황에 얼마나 즉시 대처하는지 깜짝 놀랄 지경이오.

---

10 DgK, S. 526.
11 로제 카이와, 앞의 책, p. 50.

롤랭: 그렇소, 놀랄 만하오.

미슈트: 당신도 당신이 정사한 횟수를 헤아릴 수 있겠지?

세브린: 내가 너처럼 젊었을 때는 … . 아마도 … .

알뱅: (롤랭에게) 롤랭, 말해보시게, 후작부인이 하는 게 연기인지, 혹은 실제인지, 난 전혀 모르겠소.

롤랭: 실제 … 연기 … , 당신은 그 차이점을 정확하게 아시오, 기사?

알뱅: 네.

롤랭: 난 모르오. 내가 여기서 실제로 발견하는 것은 모든 그럴듯한 차이점들이 지양되었다는 사실이오. 실제가 연극으로, 연극은 실제로 넘어가오. 후작부인을 한 번 보시오. 그녀가 이 여자들과 어떻게 잡담을 나누는지, 마치 그녀가 같은 부류인 것처럼.[12]

발타자르와 조르주트는 연기를 끝냈지만 그들의 포주와 창녀 연기는 극단의 가장 뛰어난 배우로 평가받는 앙리에게 영향을 끼친다. 극단의 여배우이자 과거에 창녀였던 레오카디와 행복한 결혼생활을 꿈꾸는 앙리는 이제 레오카디의 외도를 의심하면서 레오카디가 외도를 하여 자신이 그녀의 정부를 살해한다는 내용의 연극을 무대에 올린다. 이로써 앙리는 자신의 의심이 가공의 것, 허구적인 것임을 확인하려 했던 것이다.

앙리가 자신의 아내와 간통한 카디냥 공작을 살해했다고 무대에서 외치자 관객은 이것이 연극이었음을 알린다.

---

12 DgK, S. 540-541.

세브린: 브라보! 브라보!

롤랭: 후작부인, 왜 그러시오? 브라보라고 하는 순간에 당신은 모
　　든 것을 다시 연극으로 만들었소. 그러면 등골의 쾌적한 오
　　싹함은 지나가 버리잖소.

후작: 나는 등골의 오싹함을 쾌적하다고 생각하지는 않소. 나의
　　친구들이여, 박수를 칩시다. 그렇게 해야만 우리들은 이 속
　　박에서 해방될 수 있소.[13]

관객의 박수갈채는 칭찬과 보상을 뜻하는 것만이 아니라 환상과 놀
이가 끝났음을 알리는[14]중요한 수단이 된다. 현실과 꿈의 세계를 구분
하지 못했던 연극배우뿐 아니라 관객에게도 이것은 현실세계로 돌아
와야 함을 알리는 신호가 되는 것이다. 그러나 연기를 했던 배우도
관객도 연극의 세계에서 벗어나지 못하고 현실세계에까지 놀이를 진
행시킨다. 후작부인 세브린은 실제로 롤랭을 유혹하고 앙리는 연극대
사로 고백했던 카디냥 공작의 살해를 실천에 옮긴다.

미미크리의 타락은 모의가 더 이상 모의로 여겨지지 않고 가장한
자가 자신이 연기한 역, 가장복, 가면을 현실이라고 믿을 때 일어난다.
연기자 또는 가장한 자가 자신이 분장한 타자를 연기하는 것이 아니
라 자신을 타자라고 믿고 그에 따라 행동하며 본래의 자신을 잊어버
릴 때 일어나는 것이다.[15] 배우의 역할은 무대라는 공간과 공연시간에

---

13 DgK, S. 548.
14 로제 카이와, 앞의 책, p. 85.
15 위의 책, p. 84 참조.

의해 엄격하게 한정되어 있는데 이를 지키지 않는다면, 즉 꿈의 세계와 현실 사이가 명확하게 구분되지 않는다면 다른 사람의 인격을 빌리는 미미크리라는 놀이의 즐거움은 자아상실, 광기로 타락하게 되는 것이다.[16]

그런데 『초록 앵무새』에서는 이와 같은 미미크리의 타락이 배우에게만 나타나지 않는다. 관객 역시 허구의 세계와 현실을 구분하지 못한다. 또한 미미크리의 타락은 놀이에 참여했던 인물들(배우 및 관객)이 본연의 자아를 상실하는 것으로만 나타나지 않는다. 질투심 때문에 이루어진 앙리의 살인은 귀족을 살해한 혁명적이고 영웅적인 행위로 간주된다. 가상의 성격이 특징적인 미미크리에 몰입하는 바람에 인물들은 진실이 무엇인지 파악하지 못한다. 다시 말해 환상, 가상에의 몰입이 인물들을 혼란에 빠뜨리고 결국엔 현실에 대한 비판적 인식을 불가능하게 하고 있음을 확인할 수 있다.

3. 아곤의 유혹- 슈테판 츠바이크의 『체스』

슈테판 츠바이크의 『체스 Schachnovelle』(1942)는 나치의 탄압 하에서 망가져가는 인간정신을 묘사한, 즉 야만적인 나치 시대를 고발하는 작품이라고 할 수 있다. 또한 합스부르크 왕가의 법률자문과 자산관리를 했던 시민계급인 주인공의 정신적 몰락을, 츠메각이 지적했듯이

---

16 위의 책, p. 85 참조.

작가 츠바이크 자신의 '문화적 정체성'의 기반이 된 오스트리아의, 더 나아가 유럽의 문화세계 몰락이라는 측면에서도 볼 수 있을 것이다.[17]

그러나 이 장에서는 시간도 공간도 느껴지지 않는 "완전한 무無"[18]의 상태에서 자기 자신을 잃어버리지 않기 위해 우연히 시작한 체스놀이가 결국 그 자신을 잃어버리게 하는, 정신분열의 상태로 만드는 요인이 되는 과정을 추적해 보고자 한다.

체스는 카이와가 분류한 놀이 중 아곤에 속한다. 아곤은 경쟁이라는 형태를 취하며 개인능력이 발휘되는 형태의 놀이라고 할 수 있다. 즉 경쟁자와의 시합에서 이기는 놀이로, 당구, 체스 등이 아곤에 속하는 대표적 유형이다. 카이와에 따르면, 아곤은 규칙이 있는 경쟁이기에 일링크스와의 조합은 부자연스럽다. 그러나 츠바이크의 『체스』에서는 놀이 상대자와의 경쟁에서 자신의 능력을 인정받으려는 아곤의 놀이원리가 지켜지지 않을 뿐만 아니라 일링크스도 함께 나타나는 독특한 놀이의 양상이 보인다.

카이와가 체스를 고도의 두뇌를 사용하는 아곤으로 간주한 것처럼, 소설에서도 체스 챔피언, 체스 대가는 특별한 정신적 재능을 갖춘 지성인들이나 오를 수 있는 자리로 설명된다. 그리고 소설의 화자는 체스를 두는 목적에 따라 체스가 놀이 또는 놀이가 아닌 '진지한 것'이

---

[17] Vgl. Victor Zmegac (Hg.) *Geschichte der deutschen Literatur vom 18. Jahrhundert bis zur Gegenwart, Bd. III 1918-1980*, Königstein/Ts, 1984, S. 244.

[18] "das vollkommene Nichts", in: Stefan Zweig, *Schachnovelle*, Kommentierte Ausgabe, Stuttgart, 2013, S. 39. (이하 Sn으로 축약하고 쪽수만을 기재함. 슈테판 츠바이크, 『체스』, 박영구 옮김 (파주시: 푸른숲, 1997)의 번역을 참조하였음.)

될 수 있음을 이야기한다. 화자 자신은 '정신적 긴장감을 풀기 위해' 체스를 두기에 체스를 '놀이하는' 것이지만, 화자와는 달리 긴장하며 정신을 집중시키기 위해 두는 체스 챔피언의 경우는 체스를 놀이하지 않고 체스를 '진지화'하는 것이라고 말하면서 놀이와 진지함을 구분한다. 이는 하위징아가 놀이와 진지함을 구분한 것과 같다. 하위징아는 놀이와 놀이 아닌 것, 즉 진지함에 대해 다음과 같이 말한다.

> 놀이와 진지함의 대립적 관계를 면밀히 살펴볼 때, 이 둘의 가치는 동일하지 않다는 것을 발견한다. 놀이는 긍정적인 반면 진지함은 부정적이다. '진지함'의 의미는 '놀이'의 부정에 의해 정의되고 또 파악된다. 이렇게 볼 때 진지함은 "놀이하지 않음"일 뿐이고 그 이상의 의미는 없다. 반면에 '놀이'의 의미는 "진지하지 않음", "심각하지 않음"이라고 정의해서는 그 의미가 파악되지 않는다. 놀이는 그 자체로 독립되어 있는 것이다. 놀이 개념 그 자체는 진지함보다 더 높은 질서 속에 있다. 왜냐하면 진지함은 놀이를 배제하려고 하는 반면, 놀이는 진지함을 잘 포섭하기 때문이다.[19]

그런데 『체스』에 등장하는 체스 챔피언인 센토비치는 화자가 설명한 유형에 해당되는 인물이 아니다. 체스를 두는 그의 목적은 오로지 돈이며 사례금을 주겠다는 보장만 있으면 자신의 재능과 명성에 걸맞지 않은 하찮은 클럽에서도 체스를 둔다. 뉴욕을 출발하여 부에노스아이레스로 가는 대형여객선을 무대로 소설의 도입부에서는 여객선 승

---

[19] 요한 하위징아, 『호모 루덴스』, 이종인 옮김(고양시: 연암서가, 2011) p. 106.

객인 체스 챔피언 센토비치의 특이한 이력, 즉 "지적 세계의 완전한 이방인이자 답답하며 말수가 적은 농가의 젊은이"[20]에 대한 소개가 중심을 이루고 있다. "단 한 가지 일에만 생각을 집중하는 편집광적인 유형의 사람들에게 매력을 느끼는"[21] 화자는 센토비치라는 인물에 대한 관심으로 체스 챔피언과의 체스 대결을 추진한다. 화자를 비롯하여 대결에 응한 대가로 센토비치에게 돈을 지불하기로 한 맥코너라는 사업가 등 여섯 명의 사람들과 센토비치와의 시합이 시작된다.

카이와가 언급하였듯이, 아곤에서는 공평한 경쟁이 이루어지도록 하는 것이 중요하기 때문에 경쟁자들의 급級이 다르다면 핸디캡을 붙이는 등 출발점에서의 기회의 평등을 제공해야 한다. 『체스』에서도 여섯 명의 아마추어들과 세계 챔피언과의 대결이 시작되기 전 이러한 평등을 위한 중요한 경기규칙이 먼저 정해진다. 센토비치는 화자를 포함한 여섯 명의 사람들과 한꺼번에 대적하겠다는 것, 여섯 명이 상의를 하는 동안 방해가 되지 않도록 멀리 가있겠다는 것 등의 핸디캡을 스스로 두고 한 수를 두는 제한시간을 10분으로 하자는 것, 대응수를 두고 나면 치는 종이 없으니 수저로 유리컵을 두드리자는 것 등의 경기규칙을 제안한다.

카이와에 따르면, 아곤이 현실 속으로 옮겨오면, 즉 아곤이 타락하면, 아곤은 성공만을 목적으로 삼으며 공정한 경쟁의 규칙은 무시된다. 그러나 『체스』에서 나타나는 아곤의 타락은 경기규칙의 무시가

---

[20] Sn, S. 11f.
[21] Sn, S. 13.

아니라 일링크스의 모습이다. 놀이하는 자가 자유롭게 그만둘 수 없는 상태에 이르는 도취, 최면, 광기의 모습을 보이는 것이다.

첫 시합을 센토비치에게 패한 후 맥코너는 신체적 흥분상태에 빠지며 완전히 다른 인물로 변한다.

> 얼굴은 이마 끝까지 빨갛게 달아오르고 벌렁거리는 콧구멍으로 씩씩거리는 숨을 몰아쉬며 눈에 띄게 땀을 흘렸다. 그리고 악물은 입술은 도전적으로 뻗은 턱과 맞닿아 깊은 주름을 하나 만들어 놓았다. 나는 그의 눈길에서 그 자신도 주체할 수 없이 알른거리는 불꽃을 느끼고 내심 불안해졌다. 그것은 마치 룰렛 게임기 앞에서 계속해서 판돈을 두 배로 걸었는데 여섯 번째나 일곱 번째에 가서도 원하는 색깔이 나오지 않을 때의 사람 얼굴 같았다. 그 순간 나는 이 광적인 야심가가 자신의 재산을 다 날리더라도 센토비치를 상대로 적어도 한 판이라도 이길 때까지는 사례금이 두 배든 세 배든 간에 계속해서 두려 할 것이라는 것을 직감했다.[22]

맥코너는 자신들의 능력으로는 센토비치를 이길 수 없다고 판단하자 사례금을 대면서까지 체스 대가로 보이는 B박사를 통해 센토비치와의 체스 대결에서 승리를 얻고자 한다. 그러나 종국에는 B박사가 시합을 중단하자 그에게 화를 낸다. 이처럼 맥코너는 아곤의 놀이에서 카이와가 말하는 미미크리의 타락의 양상인 '대리'의 모습을 보이고 아울러 흥분상태의 일링크스의 모습도 보인다.

---

[22] Sn, S. 24-25.

그런데 이 소설에서 아곤의 놀이하는 자가 광기에 사로잡히는 모습을 보여주는 인물은 이와 같은 모습의 맥코너도, 돈벌이에 연연하는 센토비치도, 편집광적인 인물에 특별한 호기심을 보이는 화자도 아니다.

여섯 명이 센토비치와의 대결에서 무승부를 거두도록 도움을 준 B박사와 센토비치의 대결을 성사시키기 위해 B박사를 만난 화자는 B박사가 체스를 배우게 된 과정을 듣게 된다. 이 이야기는 아곤의 놀이에서 놀이하는 자가 어떻게 광기에 사로잡히게 되었는가를 보여준다.

합스부르크 왕가의 재정을 담당했던 B박사는 나치에 체포되었는데, 외부세계와는 완전히 차단된, 진공상태 같은 호텔 방 속에 혼자 갇혀 지내면서 심문을 받았다고 이야기한다. B박사는 호텔 방에 혼자 있었던 것을 "완전한 무"[23]의 상태, "공간도 시간도 전혀 없는 완전한 공허"[24]의 상태, "뭐라도 끄적거릴 수 있는 연필 하나 없었고, 가지고 놀 만한 성냥개비 하나 없는 무, 무, 무"[25]였다고 표현한다.

우연히 손에 넣은 150가지 체스 대국 유형의 사례를 모은 책은 B박사에게 그를 둘러싼 '무의 상태'를 없애줄 '무기'와 같은 것이었다. 그에게 체스는 "아무리 긴장된 사고 활동을 할 때조차도 좁다랗게 제한된 체스판 위에 정신적 에너지를 쏟게 만듦으로써 두뇌를 느슨하게 하지 않고 오히려 두뇌의 민활함과 탄력을 높여주는 놀랄만한 장점을

---

[23] Sn, S. 39 u. S. 40.
[24] Sn, S. 40.
[25] Sn, S. 43.

가지고 있는"[26] 것이었다. B박사는 체스가 갖다 준 긍정적인 영향에 대해 다음과 같이 말한다. "침묵의 독방에 매일 한없이 생기가 넘쳐났고 규칙적인 두뇌 훈련은 제 사고력에 흔들렸던 안정성을 되찾아 주었어요. 저는 제 두뇌가 맑아지고 부단한 사고 훈련으로 더욱 새롭게 닦이는 것을 느꼈습니다."[27] 이렇듯 체스는 화자나 화자가 말한 체스 챔피언들과는 달리 B박사에게 생기를 돋우는, 즐거운 '놀이'이자 정신을 훈련시키는 '진지한 것'이었다.

그런데 150가지 사례를 복기하는 것이 그에게는 더 이상 즐거움이 되지 못하고 그는 다시 '무의 상태'에 직면하게 된다. 지금까지 복기했던 150가지 사례가 아닌 새로운 대국이 필요하다며 생각해 낸 것이 자기 자신을 상대로 체스를 두는 것이다. 여러 가지 놀이 가운데 "우연과는 거리가 먼 고도의 사고 놀이"[28]이자 반드시 흰말 또는 검은말을 잡는 상대방이 있어야 경기가 진행될 수 있는 놀이인 체스에서 B박사는 경쟁자 없이 혼자 체스를 둔다. "사랑을 할 때와 마찬가지로 체스에서도 상대방이 없어서는 안 되는"[29] 체스놀이의 원리를 깨뜨리고 있는 것이다. 흑과 백으로 나뉜 체스놀이를 제대로 하려면 B박사는 자신의 인격을 흑을 가진 경기자와 백을 가진 경기자 둘로 나눠야 하는 상황에 이른다. 자신을 상대로 두는 체스 시합 때문에 B박사는 광적인 흥분상태로 빠지게 된다.

---

26 Sn, S. 52.
27 Sn, S. 53.
28 Sn, S. 54.
29 Sn, S. 18.

제가 맞서 싸울 수 있었던 대상은 바로 제 안의 또 다른 저밖에 없었어요. 그래서 저는 체스를 두는 동안 거의 광적인 흥분상태로 빠져들어 갔습니다. 처음에는 아주 침착하게 심사숙고하면서, 한판에서 다음 판으로 넘어가는 사이사이에 잠시 쉬는 여유를 갖기도 했습니다. 하지만 자극을 받은 제 신경은 점점 기다리는 여유를 더이상 허용하지 않았습니다. 흰말인 내가 한 수를 두자마자 검은말인 나는 벌써 열에 들떠 앞으로 뛰쳐나갔고, 그때마다 둘 중의 하나인나는 또 다른 나에게 져서 복수전을 요구했기에 한판이 끝나기가 무섭게 제 자신이 저에게 또 한판을 둘 것을 요구했던 것입니다.[30]

감금상태에서 유일한 위안거리로 삼은, 놀이의 상대자 없이 혼자서 두는 체스놀이에서조차 B박사는 '체스중독증'에 빠져 자신도 모르게 '장군', '체크'라고 스스로에게 내지르는 자신의 목소리를 듣는 등 '편집광적인 신들린 상태'에 빠져든다. 도박자가 도박에서 자기 자신을 망각하고 피곤함도 모르는 것처럼,[31] B박사 역시 이러한 상태로 인해 "물컵을 잡고 입에 대기도 힘들 정도로 몸이 쇠약해졌는데도 체스를 두기 시작하면 금방 격렬한 힘이 솟구쳤다"[32]라고 말한다.

놀이에 대한 즐거움이 놀이에 대한 강박관념으로 변해가면서, '무의 상태'에서 구해준 '구원'이었던 놀이가 광기로 변하였다. 이러한 '체스

---

30 Sn, S. 58.
31 거다 리스는 도박이라는 우연놀이에서 피곤함을 잊고 놀이에 몰입하여 주변 환경 그리고 자기 자신까지도 망각하는 일링크스의 특성을 설명한다. 거다 리스, 『도박』, 김영선 옮김(서울: 꿈엔들, 2006) pp. 258-263 참조.
32 Sn, S. 60.

중독증'의 상태는 역설적이게도 B박사가, 호의적인 의사의 도움을 받아 게슈타포의 감금에서 벗어나 부에노스아이레스로 향하는 배를 타게 만든다. 이제 자유의 몸이 된 B박사는 자신과의 시합이 아닌 다른 상대자와의 실질적인 체스 대결을 해보고 싶었기에 센토비치와의 체스 시합을 하게 되고 광기어린 증상은 다시 나타난다. 센토비치가 한 수를 둘 때마다 시간을 오래 지체하자 B박사는 센토비치가 아니라 이전처럼 자신과 체스를 둔다.

B박사는 체스 시합에는 더 이상 흥미가 없고 완전히 다른 일에 몰두하고 있는 사람 같아 보였다. 열에 들뜬 듯이 오락가락하는 일을 그만두고 자기 자리에 꼼짝 않고 그대로 앉아 있었다. 정신 나간 것처럼 멍한 눈길로 허공을 응시하며 알아들을 수도 없는 말을 끊임없이 혼자서 중얼거리고 있었다. 끝없는 연상 작용에 빠져들어 있던가, 아니면 나만의 은밀한 의혹이었지만, 완전히 다른 판을 구상하고 있는 것 같았다.[33]

센토비치와의 시합에 몰두하지 못하고 갑작스럽게 '체크'를 외친 B박사는 그제서야 자신이 '체크'를 외칠 상황의 판이 아니라는 것을 확인하지만 화자가 B박사의 팔을 세게 잡아도 그는 열에 들떠 어쩔 줄 모르는 가운데 '몽유병환자'처럼 화자를 쳐다보기만 한다. '기억해 보라'며 B박사의 손등의 흉터를 가리키는 화자의 개입에서야 비로소 B박사는 현실세계로 돌아와 급하게 시합을 그만둔다.

---

[33] Sn, S. 75.

카이와는 일링크스가 일으키는 마비가 아곤을 규정하는 조건을 파괴해버리기 때문에 아곤이라는 본래의 놀이가 없어지므로 아곤과 일링크스의 조합은 있을 수 없는 것이라고 한다.[34] 그러나 각각의 놀이를 규정하는 조건들이 파괴된 경우를, 즉 본래의 놀이의 특성이 사라진 상태를 놀이의 타락으로 부르면서 놀이의 조합을 제한하는 카이와의 설명은 모순적이라고 본다. 하나의 놀이유형에서 본래의 그 놀이적 특성이 사라지든 아니면 놀이의 여러 조합에서 어떤 한 놀이유형이 다른 놀이유형에 영향을 끼쳐 이 놀이유형의 본래적 특성이 사라지든지 간에 놀이의 타락은 발생한 것이라고 본다.

츠바이크의『체스』는 아곤의 대표적 놀이라 할 수 있는 체스놀이의 경우도 도취상태로 빠질 수 있음을 보여준다. 개인의 의지와 능력으로 놀이를 진행시켜야 하는 아곤에서, 놀이하는 자를 스스로 놀이를 그만둘 수 없게 하는 '편집광적 증상'으로 이끌며 결국에는 광기에 이르게 하는 놀이의 타락이 발생하였다.

4. 알레아의 유혹 – 아르투어 슈니츨러의『여명 속의 도박』

하위징아의 놀이이론에서는 물질적 특성이 배제되었다. 하위징아

---

[34] 로제 카이와, 앞의 책, p. 113 참조. 카이와는 놀이유형 중에 알레아와 일링크스의 조합, 아곤과 미미크리의 조합을 무리 없이 결합되는 조합으로 그리고 미미크리와 일링크스의 조합, 아곤과 알레아의 조합을 '근원적인 조합'으로 간주한다.

는 물질적 관계가 중요한 사행성 게임 및 도박이 그 자체로는 매우 흥미로우며 문화적 탐구의 대상이지만 문화의 발전에는 별 기여하지 못하고 쓸모없는 것이라고 평가 절하한다. 그러나 카이와는 특성에 따라 놀이를 분류하면서 놀이에 알레아의 영역, 즉 도박 같은 '우연놀이'를 포함시킨다. 카이와에 의하면, 경쟁이라는 형태를 취하며 개인 능력이 발휘되는 형태의 놀이라고 할 수 있는 아곤과는 달리 라틴어로 주사위놀이를 의미하는 알레아는 놀이하는 자가 전혀 영향력을 행사할 수 없는 결정에 기초하는 모든 놀이를 지칭한다. 즉 알레아는 놀이하는 자의 능력이 발휘되지 못하고 운명만이 승리를 만들어내는 놀이로 주사위놀이, 룰렛, 바카라, 제비뽑기 등이 이에 해당된다.

카이와에 따르면, 자신의 능력이 현재의 만족스럽지 못한 생활수준을 근본적으로 바꿀 수 없음을 깨닫게 되면 행운, 기적을 기대하게 되는데, 이 행운과 기적을 제시하는 것이 바로 알레아의 역할이다. 노동의 가치가 중요한 산업 사회에서도 우연놀이, 도박의 유혹을 뿌리치기 어렵다. 노동은 그 대가가 정해져 있으며 그 대가가 크지 않지만 우연놀이, 즉 도박은 순식간에 큰 재산을 얻을 수 있다는 매력이 있어 이를 떨쳐버리기가 어렵다.

산업혁명이 진행되고 정치적으로는 진보적 자유주의 시대를 연 19세기 말 오스트리아에서 슈니츨러, 츠바이크의 아버지처럼 본인의 야망과 능력으로 사회적, 경제적으로 성공한 부르주아는 사회의 중요한 중간계급으로 성장하였다. 이들은 자신의 성공을 지키기 위해 노동, 절약, 인내를 지켜야 할 중요한 윤리적 가치로 간주하였다. 이들은 사교와 즐거움을 위해 카드놀이 같은 알레아를 즐기는 것이지 엄청난 수입을 목적으로 하는 것이 아니었다. 그래서 이들은 놀이를 끝내고 다시 근면하고 절약하는 윤리적 세계로 돌아간다. 이에 대해 츠바이크는 자신의 아버지 세대가, 미래를 생각하지 않고 무분별하게 수입을 써 버리는 사람들을 걱정스러운 낭비가로 치부하였으며 신중하고 절제된 생활방식을 고수하였으며 하물며 카드놀이를 할 때에도 언제나 적은 돈만을 걸었다고 회고한다.[35] 슈니츨러의 아버지 역시 도덕이라는 시민적 가치를 중요하게 생각했던 사람이다. 이들 아버지 세대는 예술이라는 감성의 문화를 향유하면서도 도덕적이고 청교도적인 가치관을 고수하고 있었다. 부의 획득이라는 측면에서 노동의 효용성을 중시했던 당시 부르주아에 생계 유지가 힘들었던 전업 작가로서의 삶은 노동의 효용성을 찾을 수 없는 것이었다. 글을 써서 생계를 유지하는 것을 반대했던 의사 아버지의 영향으로 슈니츨러는 의사로서의 삶을 살다가 발작으로 인해서야 비로소 본격적으로 전업 작가로의 길을 택하게 된다. 슈니츨러는 아버지 세대의 도덕적 세계관 및 문화에 대해 의구심을 가지면서 개인의 감정 및 본성에 관심을 기울였다. 아버지 세대의 시민적 가치관에서 벗어나려했던 슈니츨러는 작품에서 주로 주체의 존재양식의 문제성을 다루는데, 특히 『여명 속의 도박Spiel im Morgengrauen』(1926)[36]에서는 주인공의 생존방식 및 윤리적 가치관의

---

[35] Vgl. Stefan Zweig, *Die Welt von gestern*, S. 21-22.
[36] 놀이, 시합, 경기, 도박, 유희 등을 의미하는 독일어 Spiel은 이 소설에서도 카드놀이, 도박, 사랑의 유희라는 다의적 의미를 지니고 있다. 이 글에서는 주인공을 파멸로 이끈 돈 내기 및 도박빚으로 알레아의 타락을 살펴보고 있으므로 소설 제목의 Spiel을 도박으로 번역하였다.

문제성을 도박이라는 주제를 통해 지적하고 있다.

이 소설의 주인공은 1차 세계대전 이전 시대인 '안정의 세계'[37]의 오스트리아-헝가리 제국의 장교로 특별한 개성이 없는, 특별한 장점이 없는 인물이다. 그는 사람에게 진정한 관심과 애정이 없는 인물이다. 그의 이러한 윤리적 측면에서의 부족함, 즉 삶의 진지함과는 반대되는 '유희적' 삶의 태도는 놀이, 특히 도박과 연결이 되는 것이다.[38]

알레아, 즉 우연놀이에서 내기에 거는 돈은 중요하다. 카이와도 지적하였듯이, 우연놀이의 위험성은 사실 내기 돈의 한계가 없다는 데에 있다. 『여명 속의 도박』은 친구를 돕기 위해 시작한 카드놀이[39] 판의 내기 돈이 커지고 결국 지게 되어 이를 갚을 방법이 없어지자 장교라는 신분의 명예를 지키기 위해 끝내 죽음을 택하게 되는 주인공의 이야기를 담고 있다.

우연놀이에도 어떤 특별한 현기증이 발생한다. 특히 도박자는 주위에서 일어나는 것에 대해 거의 의식이 없다. 냉정함을 잃고서 자신이

---

37 츠바이크는 자신이 성장했던 1차 세계대전 이전의 시기가 부르주아에게 있어 나름대로 정치적, 경제적으로 안정적인 시대였음을 '안정의 세계'라는 말로 표현하고 있다. Vgl. Stefan Zweig, *Die Welt von gestern*, S. 14-43.

38 Yves Iehl, "Glücks-, Geld- und Liebesspiel unter Ehrenmännern im Wien der Vorkriegszeit. Die vielfältigen Variationen des Spiels in Arthur Schnitzlers Erzälung 'Spiel im Morgengrauen'", in: Philippe Wellnitz (Hg.) *Das Spiel in der Literatur*, Berlin, 2013. S. 221-236, hier S. 224.

39 카이와는 카드놀이의 경우 개인의 기술(능력)과 우연성이 결합된, 즉 아곤과 알레아가 결합된 형태의 놀이라고 규정한다. 그러나 이 글에서는 카드놀이를 어떤 패를 갖게 되느냐가 승리에 큰 영향을 끼치는, 즉 우연성에 크게 좌우되는 도박으로 보고 알레아의 영역에서 다루고자 한다. 거다 리스 역시 카드놀이를 도박의 중요한 유형으로 간주한다. 거다 리스, 앞의 책, pp. 95~96 참조.

갖고 있는 돈의 한계를 넘어서 도박을 한다. 알레아는 의지의 포기를 전제로 하기 때문에 황홀, 홀림, 도취상태를 일으키는 것이다.[40] 따라서 알레아와 일링크스의 조합은 놀이의 조합 중 가장 자연스러운 것이며 다시 떼어놓기 힘든 가장 강력한 조합이라고 할 수 있다. 이제『여명 속의 도박』에서는 알레아가 일링크스와 어떻게 조합을 이루어 놀이하는 자를 파멸에 이르게 하는지 살펴보자.

도박사건으로 군 경력을 마감한 옛 동료 보그너가 찾아와 아픈 아이 때문에 회사의 공금을 횡령했다며 회사의 회계감사 전에 960 굴덴이라는 돈을 마련해야 한다고 주인공 빌헬름 카스다에게 돈을 빌려달라는 부탁을 하면서 카스다의 파멸은 시작된다. 군인이라는 신분에 대해 특별한 계급의식을 갖고 있는 카스다는 자신과 같은 군인이었기에 보그너를 도우려 하며[41] 돈을 마련할 방법으로 카드놀이를 생각한다. 카드놀이는 카스다 자신에게도 넉넉하지 않은 수중의 돈을 늘릴 수 있는 유일한 방법이다. 카스다에게 돈이 있다는 것은 "새 재킷, 새 군도 장식, 새 속옷, 에나멜 가죽구두, 담배, 여자와의 저녁식사, 빈 숲 속으로의 드라이브, 두 달 무상휴가 등"[42]을 의미하는 것이다.

---

[40] 로제 카이와, 앞의 책, p. 114 참조.

[41] Vgl. Maria-Regina Kecht, "Analyse der sozialen Realität in Schnitzlers 'Spiel im Morgengrauen'", in: *Modern Austrian Literature*, Volume 25, Nos. 3/4, 1992, S. 186-187.

[42] Arthur Schnitzler, "Spiel im Morgengrauen", in: Ders., *Gesammelte Werke, Bd. 2*, Frankfurt a. M., 1961, S. 527. (이하 SiM으로 축약하고 쪽수만을 기재함. 아르투어 슈니츨러, 『마지막 도박』, 장은수 옮김(서울: 세계사, 1999)의 번역을 참조하였음.)

운에 기대어 현재의 경제적 상황의 변화를 꾀하면서도 카스다는 절제 및 인내라는 미덕 그리고 특히 장교로서의 명예심을 중요하게 생각한다. 그래서 보그너의 횡령에 대해 비판하는 것이 아니라 보그너가 도박사건으로 군 경력을 마감한 것을 어리석고 불명예스러운 일로 평가한다. 카스다는 "장교라면 적어도 지켜야할 선이 어딘지는 알고 있어야 하며, 자신도 3주 전에 운이 계속 딸리길래 도박판을 박차고 나왔던 경험이 있는데 슈나벨 영사가 친절하게도 돈을 빌려주겠다고 제의한 것을 마다하고 나왔다"[43]고 밝힌다. 이처럼 카스다는 카드놀이를 언제라도 본인의 의지로 끝낼 수 있으며 불행한 일을 자초하지 않는다고 자신하기에 보그너의 횡령이 아니라 도박을 끝내지 못한 의지가 없었음을 오히려 문제 삼는 것이다.

이렇듯 카스다는 군인, 특히 장교로서의 자부심을 가지고 있지만 이 자부심이 어려운 경제적 상황을 전혀 대수롭지 않은 것으로 상쇄시키지는 못한다.

오늘(보그너의 부탁을 받은 날: 필자 주)처럼 자신의 어려운 형편이 실감난 적은 없었다. 이 멋진 봄날에 색 바랜 유니폼을 입고 무릎이 닳아서 조금씩 번들거리는 하의에다 유행에 뒤떨어진 키 낮은 모자를 쓴 채 향기로운 공원길을 가야 하다니.[44]

카스다의 이중적인 도덕적 가치관은 군인으로서의 명예를 중시하

---

43 SiM, S. 513.
44 Ebd.

면서도 막대한 결혼지참금을 가져올 수 있는 좋은 집안의 여성과의 결혼을 통해 부유한 생활을 영위하려는 그의 사고에서도 분명히 드러난다. 이미 출생에서부터 알레아의 세계는 시작된다. 아무리 노동의 가치, 능력의 가치가 중시되는 산업사회라 하더라도 출생(가문)의 우연이 가져오는 권리와 이점이 적지 않다. 출생의 우연과 본인의 노력을 통해 얻을 수 있는 이점이 적다면 도박 같은 또 다른 우연의 이점을 기대하게 된다.[45] 카스다가 부유한 케스너 집안의 딸과 혼인을 기대하는 것은 또 다른 운, 애정운에 대한 기대라고 할 수 있다.

주인공이 도박 중독자가 아님에도 불구하고 많은 돈을 딴 이후에도 그만두지 못하고 계속 카드놀이를 하는 모습은 도박의 유혹이 얼마나 큰지 보여준다. 그는 수중에 큰돈이 없기도 하였지만 적은 돈으로 돈을 잃어도 삶에 위협이 되지 않을 정도로 내기를 했고 적게 따는 돈에도 만족했던 사람이다. 그런 그가 왜 카드놀이의 테이블을 박차고 일어나지 못하고 계속 게임을 하여 처음에 땄던 큰돈은 물론 엄청난 빚까지 지게 된 것일까?

알레아의 타락은 미신을 믿는 것으로 나타나는데, 카스다는 '애정운이 없으면 도박운이라도 따른다'는 오스트리아 속담에 기대를 걸고 일요일마다 벌어지는 카페 쇼프의 도박판에 참여한다. 처음 2천 굴덴이라는 돈을 따서 빈으로 되돌아가고자 했지만 기차를 놓친 카스다는 다시 카페 쇼프로 돌아간다. 카스다는 다시 카드놀이 테이블에 앉으면

---

45 카이와는 현대사회에서 아곤과 알레아가 상보적 관계에 있음을 서술한다. 로제 카이와, 앞의 책, pp. 165~178 참조.

서 "소액을 걸어 시작하고 한번 따기 전에는 절대로 판돈을 늘리지
말고 또 가진 돈을 전부 거는 일은 절대 금물이니까 전액의 3분의 1정
도만 걸어야 한다는"[46], 플레그만 박사가 늘 하던 방법인 이른바 '플레
그만식 전법'으로 카드놀이를 하겠다고 다짐한다.

그러나 4천200 굴덴이라는 큰 돈을 딴 뒤 카드놀이를 그만두었어야
했지만 카스다는 그만두지 못한다.

> 그러나 동시에 계속 카드를 하고 싶은 제어하기 어려운 지옥 같은
> 욕망을 느꼈다. 영사의 지갑에서 번쩍거리는 천 단위 지폐를 몇 장
> 만 더 자기 지갑으로 끌어들이고 싶었다. 그거야말로 노다지를 캔
> 자본이 될 만했다.[47]

이러한 욕망은 카스다를 사로잡아 시간과 자신의 상황을 망각하게
만들어 카스다의 놀이는 알레아에서 이제 일링크스의 단계로 넘어간
다. 판돈이 이제 반 남은 상황에서도 카스다는 카드 테이블을 벗어나
지 않는다. 판돈을 다 걸라는 자기 목소리에 자신도 놀랄 정도로 자기
자신을 의식하지 못하는 상태에 이르고 머리끝에서 열이 확 뻗치는
듯한 생리적인 변화[48]도 느낀다. 카스다는 카드놀이에 완전히 몰입하
여 자신에게 어떠한 일이 진행되고 있는지 정확하게 인지하지 못한다.

---

46 SiM, S. 525.
47 SiM, S. 527.
48 거다 리스는 도박자에게 일링크스의 특성 중 호흡, 심장 박동, 혈압 등이 올라
　　가고 아드레날린의 분비가 증가하는 것과 같은 생리적인 변화도 나타난다고
　　설명한다. 거다 리스, 앞의 책, p. 261.

다시 그 앞에 카드가 놓였다. 그는 돈을 걸었다. 정확히 얼마인지도 몰랐다. 지폐 한 움큼. 운명을 받아들이는 새로운 방식이었다.[49]

운명 또는 운에 절대적으로 의지하지 않았던 카스다는 이제 알레아의 본성만을 따른다. 카스다가 중요하게 생각했던 절제와 인내의 미덕, 즉 부르주아적 정신은 지켜지지 않고 그는 결국 만 천 굴덴이라는 도박빚을 지게 된다. 영사는 도박빚이 어떠한 의미를 가지는 것인지 카스다에게 상기시킨다.

영사는 "도박이 악습이 되는 경우란 도박에 진 돈을 내줄 능력이 없을 경우이며, 이것은 사기, 비겁한 형태의 사기를 의미하는 것"[50]이라고 도박빚과 도덕적 통념을 연결시켜 카스다의 명예심을 자극한 바 있는데, 그라이징 소위에 대해 비난하면서 도덕적 통념과 군인의 명예심을 연결시켜 다시금 카스다의 명예심을 자극한다.

참 이상한 건, 명예심이 그렇게 강한 신사들이 어떻게 그런 사람을 모임에 용납하는지 모르겠단 말입니다. 그 사람은, 어리석고 순결한 소녀를 의식적으로 위험에 빠뜨려 병들게 만들었고 어쩌면 그녀는 곧 죽을지도 모르는데 말이죠.[51]

영사는 기일 내에 도박빚을 갚지 않으면 연대장을 찾아가겠다고 자

---

49 SiM, S. 532.
50 SiM, S. 523.
51 SiM, S. 539.

신의 분명한 고발 의지를 밝힌다. 도박빚 때문에 군에서 나가야 한다는 것은 카스다에게는 군인으로서의 명예심을 짓밟는 행위로 결코 용납할 수 없는 일이다. 그는 지금까지 자신의 군인 가문에 대한 자부심으로 절제와 인내로 생활하며 도박의 유혹을 뿌리쳤었다.

아버지도 장교셨고 할아버지도 소위로 돌아가셨습니다. 아이고, 이렇게 끝낼 수는 없습니다. 경솔한 장난에 대한 벌치고는 너무 심합니다. 제가 상습도박꾼이 아니라는 건 누구보다도 잘 아시지 않습니까. 아직까지 남한테 빚져본 적도 없고요. 작년에 그렇게 경제사정이 힘들었을 때도 말입니다. 그리고 사람들이 대놓고 유혹할 때도 한 번도 넘어간 적이 없었습니다.[52]

카스다는 도박빚을 갚을 마지막 방법으로 생각했던 외삼촌이 더 이상 경제적 능력이 없고 이제 외삼촌의 아내인 과거 카스다의 하룻밤 상대였던 레오폴디네가 외삼촌의 모든 재산을 관리한다는 이야기를 듣고 레오폴디네를 찾아간다. 도박운이 없어 빚을 지게 된 카스다는 이제 애정운에 자신의 운명을 건다. 그러나 레오폴디네가 자신과 하룻밤을 보내고 그에 대한 보상으로 천 굴덴을 내놓자 수치심을 느끼고 자살한다. 과거 레오폴디네의 진실한 감정을 무시하고 단지 하룻밤 상대자로 여겼던 카스다는 외삼촌의 아내가 된 레오폴디네와의 하룻밤 관계에서 경제적 도움을 기대하면서도 자신이 하룻밤 상대자로 취급되자 그제서야 자신의 위선적 실체를 목도하게 된다. 앞서 영사가

---

[52] SiM, S. 552.

시민계급의 가식적 도덕성을 폭로할 때도 깨닫지 못했던 자신의 이중적 정체성을 깨닫게 된 것이다.

애정운과 금전운에 대한 기대로 일요일마다 바덴에 가서 케스너 집안의 별장을 방문하거나 카페 쇼프에서 벌어지는 도박판에 끼곤 했던 카스다가 말하는 시민계급의 절제, 인내, 명예심 같은 도덕적 가치들이 허위의 것임을 드러내 보이면서 슈니츨러는 시민사회의 가치관, 특히 도덕적 세계관을 문제 삼고 있는 것이다.

5. 나가는 말

이 글에서는 놀이와 문화의 관계 속에서 놀이의 가치와 특성을 설명한 하위징아와 카이와의 논의를 토대로 세기전환기 오스트리아 빈의 놀이와 문화를 문학텍스트를 통해 살펴보고자 하였다. '빈 모더니즘'이라는 이 시기를 특징짓는 용어가 있을 정도로 예술 및 문화에 있어 '특수한 성격'을 드러내 보이는 세기전환기 오스트리아 빈은 실제로 카이와가 말한 아곤, 알레아, 미미크리, 일링크스에 속하는 다양한 놀이양식이 발달했던 곳이다. 또한 세기전환기 오스트리아의 대표적 작가인 슈니츨러와 츠바이크의 문학텍스트에서도 이들 아곤, 알레아, 미미크리의 놀이는 주요 테마로 다뤄지고 있다. 특히 이들 놀이는 놀이하는 자의 정체성을 드러내는 중요한 장치로 작용하고 있다. 따라서 이들의 문학텍스트에 나타난 놀이의 양상을 살펴보는 것은 세기전환기 빈의 놀이와 문화를 만들어낸 시민계급의 정체성을 고찰하는 시도

이기도 하다.

카이와에 따르면, 경쟁, 행운, 모의, 현기증을 추구하는 것이 인간의 원초적이고 강력한 본능이라고 할 수 있으며 이러한 본능에 대응하고 있는 것이 바로 놀이이다. 놀이는 인간의 본능을 억제하며 인간의 문화를 발전시키는 데 공헌하여 왔지만 아곤(경쟁), 알레아(행운), 미미크리(모의), 일링크스(현기증)라는 4개의 기본적 놀이 원리 자체 역시 현실세계에 부정적 영향을 끼칠 수 있다는 의미에서 놀이의 타락을 말할 수 있다. 하위징아가 놀이의 타락, 즉 놀이의 역기능을 고려하지 않았던데 반해 카이와는 놀이의 타락이 중요한 문제라고 보았다.

슈니츨러의 『초록 앵무새』, 『여명 속의 도박』 그리고 츠바이크의 『체스』에서는 놀이가 놀이하는 자의 현실세계에까지 '파문'을 남기는 놀이의 타락이 일어난다. 그러나 이러한 타락의 양상은, 각각의 놀이가 본연의 놀이의 특성을 규정하는 조건들을 잃은 상태라고 카이와가 설명한 '놀이의 타락'과는 다르다. 미미크리, 알레아, 아곤이 일링크스와 결합하면서 타락의 양상을 보이는 것이다. 카이와에 따르면, 놀이의 본질적 특성은 '즐거움' 및 '유쾌함'이며 현실세계와 구분되어 있다는 것이다. 현실세계와 구분하지 못하고 현실세계에까지 끌고 들어오기 쉬운 놀이의 특성은 중독현상으로 나타날 수 있는 일링크스이다. 슈니츨러와 츠바이크의 문학텍스트에는 이러한 일링크스가 다른 놀이에 결합되면서 놀이하는 자를 유혹하여 도취, 최면상태, 광기로 이끌며 놀이하는 자를 그 놀이에서 벗어나지 못하게 하며 놀이하는 자의 일상적인 삶을 파괴시키는 타락이 나타나고 있다. 이 글에서는 놀이가 현실세계와 구분되어 있다는, 즉 허구적 활동이라는 놀이의 본질적 특성이 어떻게 파괴되었는지 살펴보았다.

끝으로, 놀이의 유혹적 힘 그리고 그것의 부정적 영향에 대한 우리의 고찰이 놀이의 독성 및 본능의 독성에 대한 '예방주사'가 되기를 기대해 본다.

■ 참고문헌

1차 문헌

로제 카이와, 『놀이와 인간』, 이상률 옮김, 문예출판사, 1994.
아르투어 슈니츨러, 『마지막 도박』, 장은수 옮김, 세계사, 1999.
아르투어 슈니츨러, 『초록 앵무새』, 최석희 옮김, 지식을 만드는 지식, 2009.
요한 하위징아, 『호모 루덴스』, 이종인 옮김, 연암서가, 2011.
슈테판 츠바이크, 『체스』, 박영구 옮김, 푸른 숲, 1997.
Schnitzler, Arthur, "Der grüne Kakadu", in: *Die dramatische Werke, Bd. 1*, Frankfurt a. M., 1962.
Ders., "Spiel im Morgengrauen", in: *Die dramatische Werke, Bd. 2*, Frankfurt a. M., 1961.
Zweig, Stefan, *Schachnovelle*, Kommentierte Ausgabe, Stuttgart, 2013.

2차 문헌

거다 리스, 『도박』, 김영선 옮김, 꿈엔들, 2006.
인성기, 『빈 모더니즘』, 연세대학교 출판부, 2005.
슈테판 츠바이크, 『어제의 세계』, 곽복록 옮김, 지식공작소, 2014.
칼 쇼르스케, 『세기말비엔나』, 생각의 나무, 2006.
피터 게이, 『부르주아전』, 고유경 옮김, 서해문집, 2005.

Iehl, Yves, "Glücks-, Geld- und Liebesspiel unter Ehrenmännern im Wien der Vorkriegszeit. Die veilfältigen Variationen des Spiels in Arthur Schnitzlers Erzälung 'Spiel im Morgengrauen'", in: Philippe Wellnitz (Hg.) *Das Spiel in der Literatur*, Berlin, 2013. S. 221~236.

Kecht, Maria-Regina, "Analyse der sozialen Realität in Schnitzlers 'Spiel im Morgengrauen'", in: *Modern Austrian Literature*, Volume 25, Nos. 3/4, 1992.

Lindken, Hans Ulrich, *Interpretationen zu Arthur Schnitzler*, München, 1970.

Perlmann, Michaela L., *Arthur Schnitzler*, Stuttgart, 1987.

Zmegac, Victor (Hg.) *Geschichte der deutschen Literatur vom 18. Jahrhundert bis zur Gegenwart, Bd. II 1848-1918*, Königstein/Ts, 1985.

Ders. (Hg.), *Geschichte der deutschen Literatur vom 18. Jahrhundert bis zur Gegenwart, Bd. III 1918-1980*, Königstein/Ts, 1984.

Zweig, Stefan, *Die Welt von Gestern*, Hamburg, 1990.

언어적 세계상에서 놀이와 도박
- 러시아어와 한국어를 중심으로*

이경희

1. 들어가는 말

언어적 세계상은 언어를 통해 나타나는 언중의 세계관이다. 언중의
경험뿐 아니라 감각에 의해 형성되어 독자적인 방식의 개념과 범주,
문형으로 구성된 언어적 세계상은 세계나 우주의 상호관련성을 밝히
는 과학적 세계상과는 구별된다. 언어적 세계상은 특히 색채 어휘나
친족 용어, 지명이나 동물, 식물의 명칭 등의 어휘적 차원에서 잘 나타
난다. 언어적 세계상을 통해 우리는 민족의 고유한 인지체계뿐 아니라
문화의 특성을 파악할 수 있다. 각각의 언어는 개념화된 모델 안에서
자신이 받아들인 세계를 표현하며 그 안에 집단이 공유하는 철학과

---

* 이 글은 학술지『유럽사회문화』제15호(2015년)에 게재되었던 논문을 수정하여
재수록한 것임.

민족의 멘탈리티, 세계관 등이 내재되어 있기 때문이다.

놀이는 인류 역사와 함께 시작된 광범위하고 포괄적인 현상이다. 놀이의 특성은 그 자체로서보다는 인간과 역사, 인간과 사회, 인간과 문화, 인간과 종교, 인간과 제도 등의 상관관계 속에서 그 본질을 더 잘 파악할 수 있어서 사회학, 심리학, 철학, 문화학 등 다양한 학문의 연구 대상이 되어 왔다. 또한 놀이는 인류 문화와 더불어 나타난 원초적 현상으로 시간과 공간을 초월하여 어느 민족이나 문화권에서도 존재한다는 점에서 문화인류학과 인류언어학적 관심의 대상이 되고 있다.

도박 역시 인류와 공존해 온 현상임에도 불구하고 사행성이나 중독의 문제와 연관된다는 점에서 인문학적 고찰보다는 사회학적, 심리학적 측면에서 주로 다루어지고 있는 것이 사실이다. 따라서 도박 현상에 대해서도 놀이와 마찬가지로 더 존재론적이고 다면적이며 인문학적 고찰이 필요하다고 할 수 있다. 본 연구에서는 범인류적, 범사회적, 범시대적 현상인 놀이와 도박이 특정 언어 속에서 어떤 방식으로 개념화되는가를 살핌으로써 놀이와 도박 현상을 더 근원적이고 존재론적 차원에서 총체적으로 바라볼 수 있는 하나의 계기를 삼고자 한다.

본 연구에서는 하위징아와 카이와의 놀이 개념을 바탕으로 러시아어와 한국어의 언어적 세계상 속에서의 놀이와 도박의 개념화와 해당 언어문화 속에서 놀이와 도박이 어떤 연관성을 갖고 분화되어 가는지 살피고자 한다. 이에 앞서 러시아에서의 도박의 수용과 제재 과정, 특히 19세기 러시아 사회에서 가장 일반적 도박의 한 형태였던 카드놀이가 지니는 의미를 간단히 살펴보고자 한다.

민족마다 고유한 언어의식의 기능적 특성으로 말미암아 모든 언어는 동일한 틀 속에 놀이와 도박의 현상을 담아내지 못한다. 놀이와 놀이 행위, 도박이 특정 언어에서 어떻게 개념화되는가를 살핌으로써 민족 고유의 세계관을 파악할 수 있고, 특히 놀이와 도박의 본질적 공통성을 언어적 차원에서 밝힘으로써 놀이와 도박이 태생적으로 동일한 바탕에서 출발했지만 언어권에 따라 상이한 방향으로 수용되고 하나의 범주 안에서 갈라지는 양상을 보이는 과정을 밝힐 수 있을 것이다.

2. 놀이와 도박

놀이는 인간 사회의 시작과 더불어 나타났다. 원시사회에서는 신성한 것과 세속적인 것의 경계가 없었기 때문에 놀이는 제례나 의식 등 인간의 모든 생활영역에서 나타나는 삶의 중요한 활동 중 하나였다. 아리스토텔레스는 놀이를 단순히 일을 하지 않고 쉬는 공백의 활동으로 여기지 않고 중요한 창조 활동으로 간주했다. 그러나 산업자본주의 사회에서는 노동의 역할이 더욱 중시되었기 때문에 놀이는 노동을 방해하는 부차적인 활동으로 간주되기도 했다. 소통이 더욱 중요시되는 현대 사회에서는 과거 어느 때보다 세대 간, 계층 간 상호작용의 기제로서 여가와 놀이의 역할에 대한 중요성이 점점 강조되고 있다.

놀이는 다양한 관점에서 고찰될 수 있다. 문화적 관점에서 놀이 정신에 내재되어 있는 개성과 창조적 영감은 예술 활동의 원천이며, 심리학적 관점에서는 인간의 놀이추구본능의 순기능과 역기능을 분석함으로써 인간 행동의 여러 가지 유형을 제시할 수 있다. 철학적 관점에서는 놀이를 통해서 세계를 인식하는 사유방식을 파악할 수 있다. 그렇다면 언어적 차원에서 놀이는 어떻게 고찰될 수 있을까?

모든 언어에서 놀이 행위는 동일하게 개념화되지 않는다. 예를 들면 '아이들이 마당에서 놀고 있다'와 '요즘 대학생들은 공부를 하지 않고 클럽에서 놀고 있다'에서처럼 한국어에서는 동일한 어휘로 표현되는 두 놀이 행위는 특정 언어에서는 상이한 어휘를 사용해야만 한다. 또한 '피아노를 치다', '바이올린을 켜다', '북을 치다', '피리를 불다'의 한국어에서 상이하게 표현되는 연주 행위는 특정 언어에서는 단일 어휘로 표현된다. 각각의 언어마다 고유한 언어적 세계상이 있기 때문에 놀이 행위와 연주 행위가 동일하게 또는 상이하게 개념화되는 것이다.

하위징아는 놀이의 특징으로 자발성과 시공간적 제약을 수반하는 일상생활에서의 일탈, 특정한 규칙이 지배하는 경쟁, 이득과는 전혀 무관한 탈물질성 등을 들고 있다.[1] 하위징아에 따르면 경기나 게임, 각종 전시와 공연 등도 놀이의 영역에 포함된다. 이미 러시아어를 비롯해 많은 언어에서 이런 영역이 놀이 활동에 포함되고 있음이 입증되고 있다.

---

[1] 하위징아는 경쟁과 시합을 놀이의 항구적 특성이라고 간주한 반면, 베쥬비츠카야(A. Вежбицкая)는 놀이 개념의 항구적인 특성으로 인간의 행동, 일정기간 동안의 지속성, 쾌락에의 추구, 현실세계에서의 도피, 목적 지향성, 규칙의 준수, 예측불가능성을 들고 있다. 이에 대해서는 다음을 참조: 요한 하위징아, 『호모 루덴스』 (서울: 연암서가, 2010) pp. 77~79; А. Вежбицкая, Язык. Культура. Познание. М., 1982, с. 213.

일반적인 의미에서 놀이는 일상에서 벗어나 일정기간 동안 특정 공간에서 자발적으로 행하는 즐거운 활동이다. 경우에 따라서는 규칙을 엄격히 준수하고 규칙에 따라 행동해야 하며, 일상생활에서 경험할 수 없는 재미, 즐거움, 긴장감이 수반된다. 놀이 개념에 구체적인 행동뿐 아니라 긍정적인 감정상태, 규칙을 준수하는 과정 등의 단계가 포함된다.

재미와 즐거움을 주는 행동과 경쟁이나 시합, 공연 등을 놀이 개념으로 보고 그 모든 것이 포괄적으로 단일 어휘로 표현되기도 하고 또는 상이한 어휘로 표현되기도 한다. 또는 원래는 단일 어휘였다가 나중에 구별되기도 한다. 재미와 즐거움을 주는 행위가 놀이 개념의 본질이라는 것이 언어와 문화에 상관없이 무표적이라면 경쟁이나 공연 등을 놀이 개념에 포함하는 것은 유표적이라고 할 수 있다.

각 인간 집단의 놀이 개념은 그 단어 속에 표현된 그 사상만을 포함한다. 따라서 어떤 언어는 다른 언어에 비해 높은 포괄성을 발휘하여 놀이의 여러 측면을 단 하나의 단어에 포함시킬 수 있다는 주장이 가능하다. 놀이 기능 자체가 일차적인 것이고 여러 문화권에서 일반적인 놀이 개념의 추상화는 뒤늦게 발달한 부차적인 것이다. 인도유럽어에 놀이를 지칭하는 공통적인 단어가 없다는 사실은 일반적, 포괄적 놀이 개념이 후대에 생겨난 것임을 보여준다.[2]

하위징아는 각각의 민족의 사유방식이 언어에 구현되고 있음을 놀

---

[2] 요한 하위징아, 『호모 루덴스』 (서울: 연암서가, 2010) pp. 78~79.

이와 관련하여 설명하고 있다.[3] 하위징아는 성스러운 영역과 세속적안 영역 전반에 걸쳐 놀이 정신이 있다고 보고, 놀이에 내재된 유아적 장난스러움과 경쟁의 두 요소를 강조하고 있다. 또한 두 요소가 언어에 단일 표현체로 나타나는 경우와 그렇지 않은 경우를 통해 해당 민족이 놀이를 어떤 방식으로 인식하고 있는가를 알 수 있다고 봤는데 그리스어에서 유아적 놀이정신은 파이디아, 경쟁은 아곤으로 표현되는 것으로 보아 그리스인들은 경쟁에 속해 있는 놀이정신을 자각하지 못했다는 것이다. 대부분의 언어에서 놀이와 경기, 축제를 하나의 통일된 개념체로 인식하지 않는다는 것은 놀이의 본질을 이원화하고 있다는 것이다. 반면에 라틴어에는 그 모든 영역을 포괄하는 루두스라는 단일 어휘가 있는데 이는 원래 '진지하지 않음'이란 뜻을 지니는 것으로 하위징아에 따르면 이 어휘에 놀이 정신의 본질이 포함되어 있다.

Ludus(루두스)는 어린아이들의 게임, 오락, 경기, 전례와 연극적 재현, 사행성 게임을 모두 의미한다. 로망스 언어들에 있어서 루두스는 파생어인 jocuc(요쿠스)로 대체되었다. 그것은 원래 농담하기와

---

[3] 하위징아는 놀이 행위에 대한 다양하고 뚜렷한 표현을 갖는 민족이 놀이 본능을 제대로 표출한 민족이며 그런 현상이 그리스어, 산스크리트어, 중국어, 영어에서 발견된다고 보았다. 반면에 재미나 자유로움과 관련된 영역에 속하는 놀이와 집단적이며 사회적인 영역에 속하는 경쟁을 넓은 의미에서 놀이의 한 형태로 보고 한 단어에 놀이의 서로 다른 영역에 속하는 두 요소를 포함하는 경우가 라틴어를 제외하곤 거의 없다고 보았다. 그러나 러시아어의 경우 두 영역이 하나의 단어에 포함되고 있는 것을 볼 수 있다. 하위징아의 견해에 따르면 러시아인들은 놀이 본능을 제대로 표출한 민족이 아니고 경쟁과 놀이를 하나의 개념으로 인지한 민족에 해당된다.

조롱하기의 특정한 의미를 가지고 있었으나 '놀이' 전반으로 의미가 확대되었다.[4]

영어의 경우 자발적 행위와 규칙에 따른 경쟁 행위가 play와 game으로 이원화되어 있는 것을 볼 수 있다. 한국어의 경우에는 공놀이, 주사위 놀이, 화투 놀이라고 표현되지만 바둑 놀이, 축구 놀이 등으로 표현이 어색한 것으로 공시적 관점에서 놀이play와 경기game가 하나로 개념화되었다고 보기는 어렵다. 그러나 운동 경기가 되기 전 단계의 전통적인 시합은 놀이로 인식되었기 때문에 통시적 관점에서는 놀이와 경쟁이 하나로 개념화됐다고 볼 수 있다. 따라서 중간적인 위치에 놓여 있다고 볼 수 있다. 반면에 러시아어의 경우는 놀이에 내재하는 파이디아적 요소와 아곤적 요소가 하나의 범주로 개념화되어 나타난다.

카이와는 놀이의 개념을 좀 더 세분화해서 어린아이가 즐겁게 유희하는 요소와 경쟁의 요소 이외에 운에 의해 승패의 요소가 중시되는 알레아, 모방의 요소가 중시되는 미미크리, 현기증을 지향하는 일링크스로 나누고 있다. 이러한 놀이의 기본 범주가 사회화 과정을 거쳐 스포츠 등의 경기와 카지노, 경마장, 복권 등의 도박으로 이행되는데 스포츠 경기는 놀이의 아곤적 요소가, 카지노 등의 도박은 알레아적 요소가 사회화된 것으로 볼 수 있다. 모방과 현기증에 해당하는 놀이에 연극이나 오페라, 인형극, 카니발, 가면무도회 등을 들 수 있다.[5]

---

4 위의 책, pp. 91~92.
5 로제 카이와, 『놀이와 인간』 (서울: 문예출판사, 2003) p. 76.

이상에서 살펴보았듯이 하위징아와 카이와의 정의에 따르면 놀이는 재미있게 이루어지는 자유롭고 자발적인 여가 활동, 현실세계와 분리된 비생산적 행위이며 규칙에 따른 경쟁 행위이자 현실생활과 분리된 허구적이며 창조적 활동으로 정의할 수 있다. 이러한 놀이의 경쟁적 요소에 이성적이고 예측 가능한 규칙이 아니라 비이성적이고 예측 불가능한 운에 의해 승패를 맡기는 경우 놀이의 알레아적 요소가 지배하는 도박으로 전이되는 것이다.

놀이가 인간 활동의 보편적 속성을 지니는 원초적 행위인 것과 마찬가지로 도박 역시 인류의 역사와 함께 시작되었다.[6] 도박은 놀이와는 다르게 재미와 자유로움을 추구하기 보다는 오히려 종속, 쾌락과 탐닉에 빠지는 측면이 있다. 이는 항상 돈 또는 돈에 상응하는 것을 걸기 때문이기도 하고 운명이 관장하기 때문에 언제든 누구에게나 기회가 온다고 믿는 심리적 의존성 때문이다.

다양한 형태의 억압과 비난-심각하다면 심각하고, 하찮다면 하찮은, 게임을 향한 집요한, 그러면서도 거의 효과가 없었던 광기와 함께했다.[7]

---

[6] 도박은 돈을 건다는 행위, 승패를 운에 맡긴다는 위험성을 지니는 행위이지만 재미와 쾌락을 느끼게 한다는 점에서 놀이의 속성을 지닌다. 또한 놀이는 고대인들의 종교적, 세속적인 모든 일상사에 깊이 관여하고 있었고 아주 중대한 문제를 결정해야 하는 경우 고대인들은 제비뽑기나 주사위 던지기, 카드 점등에 의존했다. 운이나 운명, 신의 뜻을 알기 위해 행했던 이러한 행위들은 도박에서의 운과 운명과의 승부로 이행된다고 볼 수 있다.
[7] 거다 리스, 『도박』 (서울: 꿈엔들, 2006) p. 165.

따라서 여가를 즐기는 놀이 활동 중 하나인 순수한 의미에서의 재미를 추구하는 내기와 시합에서 출발한 도박은 다른 아곤적 놀이와는 달리 제재와 금지의 역사와 함께한다. 도박의 기본적 속성인 우연이나 운에 승패를 맡긴다는 요소가 누구에게나 어디서나 엄청난 혼란과 비극을 야기하기 때문이다. 도박은 경기처럼 놀이의 한 영역으로 출발하고 있으나 알레아적 요소로 인해 부정적 결과를 초래하게 된 것이다.

2.1. 러시아에서의 도박의 수용 과정

러시아에서 도박의 역사는 다른 나라와 마찬가지로 금지와 제재의 역사 그 자체이다. 시대 별로 정도의 차이는 있었지만 사회의 기본적 가치와 종교적 가치관에 위배되는 행위로 간주되어 항상 억압을 받았다. 순전히 운에 의존하여 물질적 이익을 추구하는 도박은 시간과 규율, 노동, 이성을 중시하는 기독교적, 계몽주의적, 산업자본주의적 가치관뿐 아니라 사회주의적 가치관에도 위배되는 것으로 사회체제와 상관없이 법적 제재 대상이었다. 그러나 도박의 근원이 놀이의 속성에 있는 만큼 개인적인 영역에서 이루어지는 도박의 특성 상 제도적 제재는 항상 탄력적으로 운용되었다. 러시아에서 도박은 집단적으로 즐기는 유희, 경쟁의 놀이에서 출발해서 우연, 운을 믿고 내기를 하는 행위로 발전하는 경향을 띤다.

고대 러시아에서는 주사위 놀이, 발굽뼈 던지기 놀이, 달걀 던지기, 권투 등의 다양한 놀이가 있었다. 농노뿐 아니라 지주계층도 이 놀이들을 즐겼고 주사위 놀이나 권투 등의 놀이에 돈을 걸기도 했다. 러시아는 여러 가지 면에서 유럽 문화의 변방에 놓여 있어서 이미 유럽에서는 가장 일반적 도박 게임 중 하나였던 카드는 비교적 늦은 16세기에 들어왔다. 처음에 러시아 당국은 카드놀이에 대해 별로 제재를 가하지 않고 유연하게 받아들였으나 귀족들이 카드놀이에 사유재산뿐 아니라 국가 재산을 탕진하고 농민들의 카드놀이로 인한 피해가 많았기 때문에 18세기 이후 카드놀이에 대한 강제적 제재를 가하게 되었다. 표트르 1세 통치 초기에는 군대 내에서의 카드놀이를 허용했으나 정해진 돈 이상을 내기에 거는 것은 금지되었다. 누구에게나 어떤 게임에서도 동일한 판돈이 정해졌다. 1717년 표트르 대제는 군인들이 카드게임을 하는 것을 금하고 판돈의 세 배에 달하는 벌금을 부과한다. 1737년 안나 여제는 군인들뿐 아니라 모든 사람에게 돈을 건 카드놀이를 금하는 법령을 내린다. 그러나 법적인 제재와는 상관없이 비밀리에 공공연히 카드놀이가 성행했으며 군대 생활의 한 부분이 되었다. 1761년 엘리자베타 여제는 게임 참가자의 기술과 기량에 의해 승패가 결정되는 게임과 순전히 우연에 의해 승패가 결정되는 게임을 분류하여 기량이나 기술에 의해 승패가 결정되는 게임만을 법적으로 허용했다. 그러나 기술적인 게임이라 하더라도 판돈의 규모를 제한했고 돈을 따기 위해서가 아니라 여가를 즐기기 위한 목적이어야 하고 반드시 귀족의 집에서 게임을 해야 한다는 제한 사항을 포함시켰다. 그 후 1781년 예카테리나 2세도 법으로 게임의 허용범위를 정했는데 누구와 어떤 환경에서 게임을 하는지 기준으로 삼아 가족이나 친구들과 함께 오락의 목적으로 하는 게임을 법적인 제재 대상에서 제외시킨 반면, 하루 종일 공개적인 장소에서 오직 게임만을 하는 행위를 금지했다.

이러한 기조는 1917년 혁명 전까지 유지되었다.

참가자의 능력이나 기술, 기량에 의해 승패가 결정되는 게임과 승패가 완전히 운에 의해 결정되는 게임을 분류하고 후자를 도박의 범주에 넣었던 유형화는 도박을 허용하는 형식적 빌미가 되기도 했다. 19세기까지 러시아 정부는 돈을 걸고 하는 카드게임 중 운에 승패를 맡기는 게임을 금지하는 반면 게임자의 기술에 의해 승패가 결정되는 게임을 허용했는데 이는 당시 러시아 귀족문화의 한 모델로 기능했던 카드놀이 확산의 원인으로 작용했다.

러시아에서 카드놀이가 전례 없이 확산된 것이 19세기라는 것에 대해 여러 가지 원인을 찾을 수 있겠지만 러시아 역사변화 과정 중에서 그 시기가 지니는 특별한 의미에서 그 원인을 찾을 수 있다. 19세기가 지니는 특별한 의미는 러시아가 중세에서 근대로 이행됐던 시기로 전통 농경사회에서 산업사회로 넘어가는 시기였으며 전례 없는 제도적 억압과 개인적 자유 추구의 불균형이 팽배했던 시기였다는 점이다.

당시 러시아 사회에서 카드놀이는 두 개의 질서를 상징하는 문화적 요소로 기능했다. 엄격한 정교와 고정불변의 질서로 대변되는 구체제에 맞서는 개인의 자유 의지와 유동적 사회질서로 대변되는 신체제의 상충이 도박이란 행위에서 정형화되었다. 질서정연하고 예측가능하다고 믿었던 체제 속에서 아무 것도 할 수 없었던 개인들은 운에 의해 완전히 승패가 갈리는 카드놀이에 빠져들었다. 자신의 의지와는 상관없는 운명에 도전장을 낸 것이다.[8] 또한 19세기 러시아 사회를 지배했

---

8 푸시킨, 도스토옙스키, 레르몬토프 등의 도박을 주제로 한 작품에 이런 주제가

던 우연성의 논리는 프랑스 혁명으로 계층의 붕괴, 신화의 탄생, 제국이 표방했던 기회의 균등화 등으로 나타나는 사회 분위기를 대변했다.

로트만은 러시아 역사발전과정에서 18세기부터 20세기 초까지의 러시아 귀족문화의 한 모델로 카드놀이를 규정한다. 이 시기의 귀족은 과거의 귀족과는 전혀 다른 특징을 보이는데 표트르 1세 이후 제국주의의 귀족은 유럽문화의 한 형태를 이루며 개혁의 과정에서 큰 변화를 겪는다. 초기에 유럽에서 유입된 카드놀이는 유럽 귀족을 모방하는 하나의 유행으로 시작되어 러시아 고유의 사회, 문화적 특수성에 용해되어 하나의 문화적 모델로 기능한다. 이런 현상이 여실히 반영된 것이 푸시킨, 레르몬토프, 고골 등의 낭만주의 문학작품이다. 낭만주의 작가들 자체가 귀족이고 거의 카드에 중독되어 있어서 그들의 작품은 당시 러시아 사회에서의 카드놀이가 지니는 문화적 맥락을 이해할 수 있는 중요한 텍스트이다.[9] 인간과 미지의 세계로의 모험과 투쟁은 서사구조를 지니는 대부분의 문학텍스트의 전통적 주제이다. 민담에서 비롯된 인간과 미지의 세계(자연, 괴물, 악마 등)와의 투쟁은 근대에

반영되어 있다. 작품 속의 도박에 빠진 주인공들은 대부분 작가 자신의 모습이라는 점에서 다분히 전기적 요소를 지닌다고 볼 수 있다. 당시 러시아 귀족들 대부분이 도박에 빠져 있었다는 사실 자체가 러시아적인 특징이라고 볼 수는 없다. 다만 당시 작품 속에 나타나는 주인공들의 도박에 대한 관점, 태도, 도박의 결과에 대한 해석, 게임의 운명과 러시아적 운명과의 비교 등이 특징적인 경향을 보인다.

9 Ю.М.Лотман, "Пиковая дама" и тема карт и карточной игры в русской литературе начала XIX века//Лотман Ю. М. Пушкин: Биография писателя; Статьи и заметки, 1960-1990; "Евгений Онегин": Комментарий, СПб, 1995, С. 786-814.

이르러 예측불가능한 운명, 제도, 권력으로의 투쟁으로 이어진다. 19세기 문학작품 속 주인공들은 민담 속 주인공처럼 숲이나 길이라는 공간이 아닌 테이블이 놓인 공간에서 운명과 투쟁을 한다. 푸시킨의 '스페이드 여왕'의 주인공 게르만이나 레르몬토프의 '가장무도회'의 아르베닌은 운명에 도전장을 내고 이기기 위한 법칙을 발견하려고 치밀하게 준비하지만 결국 우연이라는 또 하나의 운명에 굴복하게 된다. 우연은 카드놀이를 이기게 하는 동인이지만 우연의 법칙을 발견한다는 것은 숙명적으로 불가능하다는 점을 보여주고 있다. 19세기 러시아 문학작품에서 운명에 승부를 거는 도박꾼 주인공의 형상이 많이 나타나는 것은 당시의 특정 상황이 반영된 결과라고 볼 수 있다. 19세기 러시아에 만연한 카드놀이는 20세기 초까지도 계속 성행했다. 당시 러시아의 대도시에는 현대의 카지노와 유사한 도박장들이 있었고 그곳에서 주로 카드놀이가 행해졌다.

소비에트 사회주의 체제는 이전 체제처럼 도박을 공공의 이익에 반하는 해로운 행위로 규정한다. 소비에트 시기 초기에는 모든 종류의 도박을 엄격하게 금지하는 정책을 폈으나 불법으로 도박이 이루어지는 것을 막을 수는 없어서 1921년 당국은 특별한 권한을 지닌 도박클럽의 존재를 용인했고 돈을 내고 게임을 하는 것, 카드 시판을 허용했다. 그 후 1923년에 카지노와 오락실을 전면 폐쇄하고 밀주, 마약, 도박을 전면적으로 금지하였다. 도박을 할 경우 엄격한 법적 조치가 가해졌다. 단 복권과 경마도박만이 허용되었는데 가장 일반적인 것이 1976년부터 국가가 시판한 스포츠 복권이었다. 판매 수익금은 모스크바 올림픽을 비롯해서 스포츠 중흥에 사용되었다. 1988년에는 외국인을 위해 호텔에 200여 개의 게임기가 설치되었다. 1990년 소비에트 정권이 붕괴된 후 카지노와 오락장이 성행하다가 2009년부터 법적으로 금지되었다. 현재 러시아 전역에서 카지노 영업은 불법이며 수도에서 멀리 떨어진 알타이 변강주, 크라스노다르 변강주, 로스토프 주, 칼리닌그라드 주, 크림 반도에서만 카지노 영업이 허용되고 있다.

일반적이고 넓은 의미에서 승패가 참가자의 기량에 의존하건 운에 의존하건 돈을 걸고 하는 일체의 게임을 도박이라고 정의하는 우리의 경우와는 달리, 이미 역사적으로 살펴보았듯이 러시아는 게임의 승패를 결정짓는 요인에 의해 게임을 구분하고 승패가 전적으로 운에 의해 결정되는 것을 도박으로 규정하고 있다. 카드놀이의 경우도 도박 게임에 속하는 것과 그렇지 않은 것으로 구분하고 있다.

3. 러시아어 언어적 세계상에서 놀이와 도박

현대 러시아어에서는 재미를 위주로 하는 즐거운 활동과 시합이나, 내기 등의 승부를 가르는 경기뿐 아니라, 연주, 연기 등의 예술 활동 등의 놀이와 놀이 활동은 하나의 어휘로 표현된다. 러시아어에서는 규칙에 따라 행하는 목적을 지니는 '경기'와 자발적인 특성을 지니는 '놀이'가 동일한 어휘로 표현된다.

놀이 현상을 폭넓게 지칭하는 러시아어 игра(igra)는 원조슬라브어 jbgra에서 유래한 것으로 '재미', '오락', '농담', '춤', '노래' 등의 요소가 혼합되어 다양한 놀이 영역에서의 노래와 춤, 민속악기 연주, 가면

쓰기, 경기 등을 포함하는 이교도 의식과 연관되어 있었다.[10] 고대 러시아어에 존재했던 놀이 개념이 현대 러시아어에서 재미나 즐거움을 주는 행위, 경쟁이나 시합, 무대에서의 연기나 악기의 연주 등으로 그대로 재현되어 나타나는 것을 볼 수 있다. 특히 고대 러시아어에서 춤과 노래, 다양한 몸짓 등의 행위를 나타냈던 игра(igra)는 이교도적 발현으로 개념화되었는데 그 흔적이 방언에 남아있다.[11] 현대 러시아어에서는 이교도적 행위로서의 игра(igra)와 관련된 부정적인 어휘는 찾아볼 수 없지만 놀이에 내재된 재미와 오락이란 의미 요소로 인해 진지함이 결여된 가볍고 경박한 자질, 희롱하고 놀리는 행위, 진짜가 아닌 인공적이고 가식적 특성 등의 부정적 어감을 지니는 어휘가 나타나는 것을 볼 수 있다.

놀이 활동을 나타내는 러시아어 동사 '놀다' играть(igrat)의 의미구조는 다음과 같다.[12]

1) 즐겁게 놀다, 장난하다, 유희하다

---

10 원조슬라브어에서는 춤을 동반한 노래를 의미했다: И.И.Макеева, Семантическое поле слов с корнем игр-в древне-и старорусском языке//Логический анализ языка. Концептуальные поля игры. М., 2006, с. 189.

11 예를 들면 игрец가 악령, 병의 원인을 지칭한다거나 정신이 나갔다는 표현을 выграться с ума로 표현하는 것, 결혼식을 올리는 것을 играть свадьбу로 하는 것 등이다. 고대 러시아 문화에 나타나는 игра의 특성은 다음을 참조. Г.И.Вендина, Игра в языке русской традиционной культуры: Этнокультурная интерпретация//Логический анализ языка. Концептуальные поля игры. М., 2006, с. 375-390.

12 Малый академический словарь(МАС), т.1, М., 1981.

2) 여가나 오락을 위한 어떤 일에 시간을 보내다

3) 이쪽저쪽, 위아래로 움직이다

4) 어떤 물건이나 장난감을 들고 이리저리 목적 없이 돌리다

5) 어떤 대상을 진지하지 않게 대하다

6) 힘들이지 않고 자유자재로 움직이다

7) 거품이 일다

8) 영롱하게 반짝이다

9) 상상력이나 생각 등이 고양된 상태에 놓이다

10) 연주하다, 악기를 연주하다

11) 무대에서 연기하다

동사에 비해 명사 '놀이' игра(igra)의 의미구조는 상대적으로 축소되어 나타난다.[13]

1) 즐겁게 놀음, 장난, 유희

2) 여가나 오락을 위해 행하는 일정한 규칙을 가지는 일이나 활동

3) 포도주나 샴페인의 가스나 거품

4) 빛이나 색조의 반짝임

5) 음악 작품의 연주

6) 무대에서의 연기

7) 특정의 목적과 의도를 지니는 미리 계획된 술책

---

[13] Малый академический словарь, т.1, М., 1981.

러시아어 동사 играть(igrat)와 명사 игра(igra)는 단어구성에 있어 파생관계에 있지만 동사의 의미가 그대로 명사에 재현되지 않는 것을 볼 수 있는데 특히 명사에는 동사 играть(igrat)에는 없는 '음모, 술책'의 의미가 나타나는데 이는 '정치적 음모', '외교적 술책' 등 제한적으로 사용된다.

러시아어에서는 놀이나 놀이 활동의 중심에 아이들의 놀이로 대표되는 즐겁고 활기찬 동작이 개념화된다. 따라서 러시아어에서 играть во дворе(마당에서 놀다), играть с кошкой и собакой(고양이와 개와 놀다), играть с мячем(공을 가지고 놀다) 등의 표현에서 동사 играть(igrat)의 행위에는 '활발하게 몸을 움직이며 노는 동작'이 내재되어 있음을 연상할 수 있다. 따라서 '놀다'에 해당하는 동사играть(igrat)가 들어간 다음과 같은 은유적 표현에서도 물고기가 물 밖으로 세차게 튀어 오르는 모습과 나비가 공중에서 활기차게 나는 모습, 파도가 높게 일렁이는 모습을 유추할 수 있다.

Рыба играет на закате(물고기가 해질 무렵 놀다/물고기가 팔짝 팔짝 뛰고 있다)

Бабочки играют в воздухе(나비들이 하늘에서 놀다/나비들이 하늘에서 날개를 펄럭이며 세차게 날고 있다)

Волны играют на море(파도가 바다에서 놀다/파도가 바다에서 세차게 일고 있다)

놀이의 영역에는 아이들이 목적 없이 그 자체를 즐기는 에너지가 충만한 행동뿐 아니라 어른들의 세계를 흉내 내며 노는 놀이가 있다.

동사играть(igrat)로 표현되는 **играть в куклы**(인형 놀이를 하다), **игра ть в маму и папу**(엄마 아빠 놀이를 하다), **играть в больницу**(병원 놀이를 하다) 등의 어른 세계를 모방하여 가상의 세계를 설정하여 노는 놀이가 아이들의 놀이가 아닌 어른들의 현실세계에서 행해질 때는 의미가 전이되어 진지함이 배제된 경솔한 행동으로 개념화가 이루어지는 것을 볼 수 있다. 즉, 아이가 장난치며 어른의 세계를 모방하는 순수한 놀이는 아이들의 놀이가 아닌 어른들의 세계에서 나타날 때는 **играть в революцию**(혁명 놀음을 하다)에서와 같이 부정적으로 의미 확장이 이루어진다.

무대나 공연장 등의 공간에서의 긍정적인 놀이 활동은 무대가 아닌 현실공간에서 이루어질 때 부정적인 어감을 갖는데 이것은 진실과 허구에 대해 우리가 지니는 상식적 가치관을 반영하는 것이다. 현실세계가 진정한 것이고 모방의 세계는 인공적이고 가짜라고 판단하는 가치관으로 인해, 무대가 아닌 공간에서 연기하고 무대를 세우고 광대놀음을 하는 것을 부정적으로 인식하게 되는 것이다.

> Не устрайвай сцен.(연기하지 마)
> Вы цирк устроили.(서커스 하네)
> Не верь ей, она всегда играет.(그녀를 믿지 마. 그녀는 항상 연기를 해)

고대의 의식과 제례에 남아있던 춤이나 노래 등의 놀이적 요소는 계몽주의적 세계관, 종교적 금욕주의, 산업화로 인한 노동의 중시 등으로 인해 가치 평가적 의미를 지니게 되었고 고대 러시아인의 의식

속의 집단으로 춤추고 노래하며 내기나 시합을 하고 자발적으로 즐기던 놀이 행위는 악기 연주나 연극 행위, 또는 운동이나 스포츠 등의 행위로 존속된다. 놀이의 사회화 과정이 나타나게 되는 것이다.

러시아어에서 '놀다'를 뜻하는 играть(igrat)에 내재된 또 하나의 개념은 장난감을 가지고 노는 것처럼 자유자재로 다루는 여유와 즐거움, 자유로움의 특성이다. 이런 특성 역시 Лошадь играет хвостом(말이 꼬리를 가지고 논다), Он играет её любовью(그는 그녀의 사랑을 가지고 논다) 등에서 보듯 의미적 분화를 겪는다. 말이 장난감을 가지고 노는 것처럼 꼬리를 가지고 놀 때 자연히 꼬리는 살랑거릴 것이다. 마찬가지로 Ветер играл листвой деревьев(바람이 나뭇잎을 가지고 놀았다)에서처럼 바람이 나뭇잎을 장난감을 가지고 놀 듯하니까 바람에 나뭇잎이 살랑거릴 것이다. 반면에 사물이나 사람 등의 대상을 장난감처럼 가지고 놀 때는 자유로움과 자연스러움, 즐거움을 주는 행위가 아니라 희롱이나 놀림으로 개념화된다. 러시아어 언어적 세계상에서 '즐겁게 놀다', '유희하다', '장난감을 다루듯 이리저리 돌리며 놀다' 등의 개념은 상황적 변수에 따라 '불장난을 하다', '장난하다', '놀음하다', '~인 척하다', '희롱하다' 등의 개념으로 분화되는 것을 볼 수 있다.

러시아어 언어적 세계상에서 играть(놀다)/игра(놀이)에는 목적이 배제된 즐거움과 오락의 기본 영역 이외에 일상적 생활에서 벗어나 여가를 즐기기 위한 활동영역이 나타난다. 이는 일정한 규칙을 가지는 활동을 특정 공간과 시간에서 행할 것을 규약에 의해 정하는 놀이로서 경쟁, 시합, 경기 등을 가리킨다. 이 놀이의 영역에는 재미와 즐거움이

외에 경쟁이나 시합의 요소가 첨가된다. 또한 이 영역에는 규칙에 따라 재미있게 행하는 경기나 운동뿐 아니라 돈을 걸고 승패를 가르는 행위도 포함된다. 러시아인의 놀이에 대한 의식 속에 도박의 개념이 포함되어 있음을 알 수 있는 것이다.

러시아어에서 구별되지 않고 하나의 단어로 표현되는 '재미난 행동', '경기', '게임' 등은 파생어에서는 서로 구별되는 특징을 보인다. 예를 들면, 뚜렷한 목적 없이 하는 공놀이와 상대방과 뚜렷한 목적을 갖고 하는 축구게임을 표현할 때 상이한 동사를 사용한다거나, 돈을 걸고 하는 게임의 참여자와 재미를 목적으로 하는 경기의 참여자를 표현할 때 서로 다른 단어를 사용하는 경우가 이에 해당된다. 또한 놀이가 부글거림, 들썩거림 등의 흥겹고 동적인 이미지로 연상되는 것은 광선의 흔들림, 거품 등의 비유적 의미로 개념화되는 것을 보여준다. 러시아어에서는 '놀다'라는 행위가 태양이나 강, 물 등의 액체성과 결합해서 비유적으로 사용되는 것을 볼 수 있다.

고대 러시아인들은 연기자가 주체인 놀이와 관객의 입장에서의 구경거리를 분리해서 다른 단어로 표현했다. '놀이'의 игра(igra)는 무대에서 하는 공연으로 놀이를 하는 주체의 입장을 강조할 때 사용되었다. 구경꾼의 입장을 반영하는 싸움이나 시합은 다른 단어를 사용해서 표현했다. 현대 러시아어에서 사용되는 '극장'의 театр(teatr)나 '연극'의 спектакль(spektakl)은 관중의 입장이 반영된 공간의 표현이다. 즉 연기자가 노는 공간이 아니라 관중이 구경을 하는 공간이란 의미를 지닌다. 연극은 원래 어릿광대, 익살꾼, 농노들이 광장에서 했던 연기에서 비롯되었다. 당시 연기를 한다는 것은 재미있는 동작과 표정으로 노는 것이었다. 무대에서 연기를 하는 계급은 주로 하층계급이었으며 광장에서 민중이 하는 연기는 성당에서 이루어지는 의식과 대비되는 행위였다. 놀이를 이교도적 행위로 인식했던 고대 러시아인의 의식은 익살스럽게 놀던 '광대' шут(shut)를 악마에 비유하는 표현에 남아있다.

한국어에서는 돈이나 재물 따위를 걸고 주사위, 골패, 마작, 화투, 트럼프 따위를 써서 서로 내기를 하는 행위를 일반적으로 노름이나 도박이라고 정의한다.[14] 러시아어에서는 도박을 운에 의해 승패가 결정되는 게임으로 정의하고 있다. 러시아어에서 도박은 단일 어휘가 아닌 형용사 азартная(azartnaja)와 명사 игра(igra)가 결합된 형태로 표현된다. 형태상으로 '노름', 'game', 'gambling'[15]과 같이 단일어휘가 사용되는 언어들과 차이를 보인다. 러시아어에서 도박을 뜻하는 азартная игра(azartnaja igra)는 대상의 특성을 표현하는 형용사 азартная(azartnaja)와 명사 игра(igra)의 자유로운 의미결합이 아니다. 형용사 азартная(azartnaja)는 '싸움을 좋아하는, 도전적인, 열중하는, 성급한'[16]의 뜻으로 대상의 특성을 표현한다: азартный игрок(성미가 불같은 선수), азартный человек(성미가 급한 사람), азартный спор(열기를 띤 논쟁)

---

[14] 중국어에서는 내기를 뜻하는 賭(도) 이외에도 카드놀이에 싸움이나 결투에 사용되는 鬪(투)가 사용되기도 한다.

[15] gambling의 의미를 보면 규칙에 따라 행해지는 것으로 승패의 요인이 순전히 운에 달려 있는 것이 아니라 참가자의 기술에 의해서도 결정될 수 있다고 제시되어 있다. 이는 러시아어에서 도박의 정의와 차이를 보인다.

[16] Малый академический словарь, т.1, М., 1981.

그러나 대상의 특성을 표현하는 것과 동일한 구조를 지닌 '도박'의 азартная игра(azartnaja igra)에서 형용사 азартная(azartnaja)는 대상의 특성을 의미하지 않는다. 즉 각각의 어휘가 독립적으로 결합하여 의미적 합을 이루어 '어떤 경기나 게임'을 의미하는 것이 아니라 운에 승패를 맡기는 게임이라는 '도박'의 의미를 표현하는 것이다. 러시아어에서의 '도박'에는 한국어에서의 '노름'이나 '도박'과는 다른 의미가 내포되어 있다. азартная игра(azartnaja igra)는 불어의 '우연', '운'을 뜻하는 hasard에서 유래한 것인데 거슬러 올라가면 아랍어의 주사위 놀이를 뜻하는 az zahr에서 유래한 것으로 zahr는 놀이에 사용된 뼈를 뜻한다. 중세시대에 가장 유행했던 주사위 게임의 명칭이 '헤저드'란 사실이 이를 뒷받침한다.

고대부터 인간이 즐긴 대표적 내기게임은 주사위 놀이였다. 주사위 놀이는 중세시대까지 계급과 빈부 차와 상관없이 가장 널리 퍼진 내기의 성격을 지닌 놀이의 한 형태였다. 어원적으로 볼 때 주사위 놀이가 지니는 알레아적 요소인 운이나 우연이 도박이란 용어로 의미확장이 된 것으로 보인다. 내기의 종류였던 고대와 중세의 주사위 놀이가 우연이나 운에 의해 승패가 결정되는 현대적 의미의 도박을 지칭하게 되었다. 즉 러시아어에서 азартная игра(azartnaja igra)는 돈을 걸고 하는 내기에 해당하는 모든 종류의 도박이나 노름, 게임, 겜블링과는 달리 게임에 참여하는 사람들의 기량이나 기술과 상관없이 순전히 운과 우연에 의해 승패가 결정되는 게임만을 지칭한다.

일반적으로 게임의 위험성은 돈과 연관되어진다. 요행 또는 치밀한 작전을 통한 게임의 승부에는 반드시 승자와 패자가 있기 마련이다.

따라서 어떤 종류의 게임일지라도 돈이나 그에 상응하는 것을 거는 행위에는 위험성이 내재되어 있다. 따라서 일반적으로 돈을 건 모든 게임을 도박이라고 할 수 있다. 그러나 러시아어 언어적 세계상에서 '도박'에는 돈을 거는 행위보다는 '운', '우연', '위험'이 복합적으로 상호작용하는 것으로 나타난다. 러시아어 언어적 세계상에서 도박은 비단 돈을 걸고 하는 내기의 속성보다 운명과의 싸움, 위험한 모험, 그 과정 동안에 겪게 되는 고양된 감정, 열기 등의 특성이 내재화된다. 수많은 러시아 문학작품 속 도박꾼들이 돈을 따기 위해 게임을 하는 것이 아니라 운명에 도전장을 던지고 그것을 시험하는 것을 많이 볼 수 있는 것은 우연이 아니다.[17]

4. 한국어 언어적 세계상에서 놀이와 도박

한국어에서 '놀다'의 의미구조를 살펴보면 다음과 같다.[18]

1) 놀이나 재미있는 일을 하며 즐겁게 지내다.

---

17 주인공은 돈을 딴다는 합리적 목적을 위해 게임을 하는 것이 아니라 얼마나 과감하게 운명에 도전하느냐에 중요성을 둔다. 이는 유럽 귀족 사회의 단면을 보여 주는 것으로 귀족들의 돈에 대한 경시 풍조를 상징한다. 하층 민중은 돈을 따기 위한 게임을 하고 귀족계급은 단지 재미와 즐거움을 위한 게임을 한다. 이런 두 종류의 게임을 도스토옙스키는 『도박꾼』에서 '젠틀맨의 게임'과 '천민의 게임'이라고 칭했다.
18 국립국어원 표준국어대사전

2) 직업이나 일정히 하는 일이 없이 지내다.

3) 어떤 일을 하다가 일정한 동안을 쉬다.

4) 물자나 시설 따위를 쓰지 않다.

5) 고정되어 있는 것이 헐거워 이리저리 움직인다.

6) 태아가 꿈틀거리다.

7) 이리저리 돌아다니다.

8) 신체 부위가 일정하게 움직이다.

9) 주색을 일삼아 방탕하게 놀다

10) 불량한 무리들이 나쁜 짓을 일삼으며 지내다.

11) 일정한 장소를 중심으로 지내다.

12) 남을 조롱하거나 자기 뜻대로 좌지우지하다.

13) 마음에 들지 않게 행동함을 비꼬는 말.

14) 비슷한 무리끼리 어울리다.

15) 어떤 구경거리가 되는 재주를 부리다.

16) 어떤 놀이를 하여 이기고 짐을 겨루다.

17) (옛말) 연주하다

한국어에서 '놀다'의 중심의미는 일정한 시간 동안 재미와 즐거움을 위해 자발적으로 하는 놀이 행위임을 알 수 있다.

　　예: 장난감을 가지고 놀다/공놀이를 하며 놀다/친구들과 어울려 놀다/우리 집에 놀러 와

또한 한국어에서는 재미와 쾌락을 위한 즐거운 행위가 일정한 기간을 넘어 장기간 지속되는 경우 인간의 가치 있는 덕목인 노동에 반하는 게으르게 빈둥거리는 행위로 인식된다. 이런 개념화는 러시아 문화권에서는 이질적인 것으로 받아들여진다.[19]

예: 그는 직장을 그만두고 놀고 있다/젊은 사람이 빈둥빈둥 놀면서 지내는 것이 보기에 안 좋다/고등학교를 졸업하고 집에 와서 놀고 있는 아들이 하나 있다/그 아이는 공부는 하지 않고 놀기만 한다

노동을 하지 않는 행위를 '노는 것'으로 개념화하는 경우 '놀다'의 부정적 가치평가가 수반된다. 한국어에서 '놀다'라는 행위는 아이들의 놀이나 규칙에 따르는 시합, 공연과 관련되어 나타나는 경우를 제외하고는 대부분 부정적인 것을 볼 수 있다.

예: 화류계에서 놀다/왕년에 놀던 가락이 있다/저 구역이 깡패들이 노는 곳이다/날 가지고 놀지 마/잘들 놀고 있네

규칙에 따라 행해지는 시합이나 공연과 관련된 연기나 연주 등의

---

[19] 한국어와 러시아어의 놀이 행위의 개념화 특징 중 하나는 놀이 동작과 관련되어 나타나는 동작의 이미지이다. 러시아어 играть(놀다)가 생동감 있고 들썩거리고 분출하는 동적인 행동과 연관된다면 한국어의 '놀다'에는 빈둥거리며 이리저리 다니는 행동에서 파생된 천천히 이리저리 돌아다니는 정적인 행동이 연상된다. 따라서 러시아어의 경우 река играет(강이 놀다), солнце играет(태양이 놀다), кровь играет(피가 놀다)에서는 동적인 이미지가 의인화되어 나타나는 반면 한국어에서 이런 유형의 표현은 일반적이지 않다.

경우는 통사적인 제약을 수반한다. 항상 놀이의 대상과 함께 사용되는 것을 볼 수 있다.

예: 윷을 놀다/화투를 놀다/주사위를 놀다/곱사춤을 놀다/판굿을 놀다/탈춤을 놀다/그 소녀는 할머니 역을 그럴듯하게 놀았다/일현금을 놀다(옛말)

이기고 지는 승패를 가르는 행위나 춤이나 몸짓, 연기와 관련된 행위가 놀이로 개념화된 것은 러시아어에서와 동일하나 한국어에서 이러한 놀이 행위는 다른 다양한 대용표현이 가능하다.

비교: 화투를 놀다/화투를 치다.
주사위를 놀다/주사위를 던지다.
곱사춤을 놀다/곱사춤을 추다
할머니 역을 놀다/할머니 역을 연기하다

언어의 개념화는 통시적인 변화를 수반하기도 한다. 과거에는 재미와 오락으로 즐기는 연주 놀이의 언어적 개념화가 있었지만, 현대에는 악기 연주를 놀이 활동으로 더는 표현하지 않기 때문에 우리의 인식 속에서 악기 연주와 놀이의 상관성은 사라졌다고 볼 수 있다. 그러나 중세 국어 자료를 보면 '노래'의 옛 표현이 '놀애'인 점으로 미루어 '놀다'와 '노래'가 연관성이 있음이 확실하다. 고대의 제천의식과 관련하여 노래와 춤이 어울린 활동이 놀이 영역에 포함되었고 나중에 다시 그것이 악기 연주나 공연 놀이를 포함하는 방향으로 발전된 것으로 보인다. 즉 소리와 관련된 놀이 영역은 '놀애' 또는 '악기를 놀다'로, 동작과 관련된 영역은 '곱사춤을 놀다', '풍물을 놀다', '탈춤을 놀다' 등의 구경거리가 되는 재주를 부리는 것으로 발전되었다. 그러나 소리적 측면은 현대에서는 사용되지 않기 때문에 '놀다'와 '놀애' 간의 의미적 파생 관계가 더 이상 남아 있지 않아 '노래'가 된 것으로 여겨진다. 유사한 예를 '놀음'과 '노름'에서도 찾을 수 있다. 어간 '놀'에 명사형 어미 '음'이 붙어 이루어진 '놀음'은 '놀이'와 비교해 보다 더 구체적인 놀이 행위를 지칭할 때 사용된다. 예를 들면 '꼭둑각시놀음', '양반 놀음', '사자놀음' 등은 공연의 성격을 띠는 것으로 놀이에 비해 한정적으로 사용된다. 돈을 걸고 하는 내기의 성격을 띠는 놀이를 '놀음'이라고 하지 않고 '노름'이라고 하는 것은 '놀다'와의 의미적 상관성이 거의 사라져 버렸기 때문이다.

한국어 사전에 나타난 '놀이'의 의미구조는 다음과 같다.[20]

1) 여러 사람이 모여서 즐겁게 노는 일. 또는 그런 활동.
    예) 놀이 공간/건전한 놀이 문화/놀이 계획을 짜다/재미있는 놀이를 하다

2) 굿, 풍물, 인형극 따위의 우리나라 전통적인 연희를 통틀어 이르는 말.

---

20 국립국어원 표준국어대사전

예) 풍물놀이, 인형극놀이

3) 일정한 규칙 또는 방법에 따라 노는 일.
   예) 공깃돌 놀이/연 놀이/제기 놀이/주사위 놀이/트럼프 놀이/화투
   놀이

4) '모방', '장난', '흉내'의 뜻을 나타내는 말.
   예) 시장놀이/병원놀이/엄마놀이/학교놀이.

'놀이'는 놀이 활동 전반, 즉 굿 놀이, 경기, 연희, 오락, 모방놀이
등 재미있는 활동과 제의, 예술 및 문화 활동 전반을 지칭하지만 '놀
음'은 공연의 성격을 띠는 마당놀이를, '노름'은 도박과 같은 놀이를
지칭하여 한정적으로 사용된다.

'피아노를 치다', '바이올린을 켜다', '피리를 불다', '가야금을 뜯다'
처럼 한국어에서 다양한 어휘로 표현되는 것은 러시아어 играть(igrat)
와 영어 play에서처럼 악기에서 소리를 나게 하는 구체적인 방법과는
상관없이 단일 어휘로 표현되는 것과 대조적이다. 공을 가지고 노는
행위와 악기를 연주하는 행위를 하나의 단어로 표현하거나 다른 단어
로 구별하는 것은 각각의 민족의 언어적 세계상이 다른 결과이다. 러
시아어나 영어 등에서는 연주자가 악기 위에서 재미있게 즐기는 행위
는 장난감을 가지고 노는 행위나 즐거움을 위해 여가 시간을 보내는
것과 같은 범주로 동일하게 개념화된 것이다. 현대 한국어에서 '놀이'
와 '연주'와의 어휘적 상관성은 사라졌지만, 과거 '가야금을 놀다' 등
의 표현이 있었다는 사실은 한국어에서 악기 연주가 하나의 놀이였다

는 흔적을 볼 수 있다.

　노름이나 도박은 한번 들어가면 인간의 의지로 나오기가 힘이 드는 늪이나 구덩이로 개념화되기 때문에 노름이나 도박에 빠지면 나오기가 힘이 드는 것으로 비유된다.

　현대 한국어에서 형태적으로 '노름'과 놀이에서 파생된 '놀음'의 상관성은 찾아볼 수 없지만 '노름'이 놀이와 관련성을 지니고 있다는 것을 다음과 같은 표현에서 알 수 있다.

> 주사위 놀음/화투 노름
> 씨름판, 놀이판/노름판
> 춤꾼, 소리꾼/노름꾼
> 춤 솜씨, 연기솜씨/노름 솜씨
> 놀이를 즐기다/노름을 즐기다

5. 나가는 말

　사회문화적 현상으로서 직접적인 재화생산성을 갖지는 않지만 정신적인 여유와 심리적 안정, 심미적인 예술 활동의 원동력인 놀이의 순기능은 여러 가지 심리적, 정치, 경제적 상황에 따라 물질화, 상업화된다. 이런 과정에서 놀이 본연의 정신이 왜곡되고 지나친 내기나 경쟁, 목적지향성을 띠게 된다. 놀이의 이런 부정적 측면이 강조되는 곳에 도박이 있다.

　하위징아는 놀이의 중심요소로 재미와 경쟁 정신을 들었다. 문화권에 따라 재미와 경쟁이 단일 어휘로 표현되는 경우와 그렇지 않은 경우를 구분했는데 러시아어의 경우 두 개의 개념을 단일 어휘로 표현한다. 즉, 놀이 정신에 깃든 경쟁적 요소를 자각한 경우에 해당한다. 한국어의 경우는 전통놀이에 해당하는 시합의 경우에만 단일 어휘로 개념화된다.

카이와는 놀이를 경쟁놀이인 아곤, 우연놀이인 알레아, 모방놀이인 미미크리, 현기증인 일링크스로 분류했는데 도박은 알레아의 영역에 속한다고 볼 수 있다. 우연에 맡기는 놀이는 개인의 의도와는 무관하게 예측할 수 없는 미지의 세계에 속한다는 측면에서 결과에 대해 항상 주관적이며 자의적으로 상상하는 비합리적 중독으로 이어질 확률이 높다. 따라서 도박의 문제는 그 자체로서 보다도 중독으로 이어질 때 그 문제가 더 심각하다고 볼 수 있다.

러시아어와 한국어 언어적 세계상에서 공통적인 놀이의 영역에는 재미있는 일을 하며 즐겁게 시간을 보내는 것과 구경거리가 되는 재주를 부리는 일, 이기고 지는 것을 가리는 경쟁이 해당된다. 또한 도박 게임도 완전한 형태는 아니지만 놀이 영역에 포함된다는 것을 어휘적 차원에서 알 수 있다. 또한 지금은 사용되지 않지만 예전에는 한국어에서 악기를 연주하는 행위가 놀이의 영역에 속했다. 러시아어에서 긍정적인 의미를 지니는 놀이 요소는 환경적 요인에 따라 부정적 의미로 변할 수 있다. 놀이에 내재되어 있는 역동적인 이미지는 자연현상의 비유에서 재현된다.

한국어에서 노름은 '놀다'에서 파생했으나 의미적 분화를 겪게 된다. 현재 '놀다'의 직접적 파생은 '놀이', '놀음'에서 나타난다. 러시아어에서 도박은 단일 어휘가 아닌 두 개의 어휘로 표현된다. 러시아어에서는 돈을 걸고 하는 게임은 순전히 운에 의해 승패가 결정되는 게임과 경기자들의 기술과 재량에 의해 결정되는 게임으로 구분된다. 이런 구분은 제재 대상을 선별하는 기준이 되기도 하였다. 운이나 우연에 의한 승패뿐 아니라 돈을 걸고 내기를 하는 게임을 노름이나 도박으로 지칭하는 것이 일반적이다. 그러나 러시아어에서는 운에 의해 순전히 승패가 결정되는 게임만을 도박이라 규정한다. 운에 의존하는 도박의 예측불가능성과 미지의 운명과의 결투 등의 속성은 러시아 특유의 사회체제와 귀족문화와 결합해서 19세기 러시아 문학에서 독특한 도박의 유형을 창조한다. 당시 도박 게임에서 중요한 것은 이긴다는 실용적 목적보다 운명에 계속 도전을 한다는 것이었다.

■ 참고문헌

국립국어원 표준국어대사전.

Малый академический словарь, т.1, М., 1981.

거다 리스, 『도박』, 김영선 옮김, 꿈엔들, 2006.

로제 카이와, 『놀이와 인간』, 이상률 옮김, 문예출판사, 1994.

요한 하위징아, 『호모 루덴스』, 이종인 옮김, 연암서가, 2010.

정학섭, 「도박 중독에 대한 동양사상적 해석과 전망」, 『동양사회사상』, 2011, 제24집, 129~166.

Агаркова Н.Э. Концепт деньги как фрагмент английской языковой картины мира. Канд. дисс. Иркутск, 2001.

Арутюнова Н.Д. Виды игровых действий//Логический анализ языка. Концептуальные поля игры, 2006, 5~16.

Вежбицкая А. Язык. Культура. Познание, М., 1996.

Вендина Г.И. Игра в языке русской традиционной культуры: Этнокультурная интерпретация//Логический анализ языка. Концептуальные поля игры. М., 2006, 375~390.

Лотман Ю.М. "Пиковая дама" и тема карт и карточной игры в русской литературе начала XIX века//Лотман Ю. М. Пушкин: Биография писателя; Статьи и заметки, 1960~1990; "Евгений Онегин": Комментарий, СПб, 1995, 786~814.

Макеева И.И. Семантическое поле слов с корнем игр- в древне-и старорусском языке//Логический анализ языка. Концептуальные поля игры. М., 2006, 189~200.

Шмелев А.Д. Игра в русской картине мира //Логический анализ языка. Концептуальные поля игры, М., 2006, 411~420.

도박, 범죄, 정신분석의 영화적 사유실험
- 프리츠 랑의 무성영화 〈마부제 박사〉 연작을 중심으로*

유봉근

1. 서론

도박과 범죄에 관한 사유와 성찰은 오랜 역사를 가지고 있으며 아직도 진행형이며 그 귀결점을 예견하기는 어렵다. 주사위 놀이는 확률의 게임이며 룰렛의 회전이 역학의 법칙에 따른다는 가정에 동의하는 사람도 막상 게임을 시작하려는 순간부터 밀려오는 의심을 극복하는 것은 용이하지 않다. 머피의 법칙이 나에게 적용될 가능성을 배제할 수 없기 때문일 것이다. 인류 역사상 가정하여 결과를 예측하거나 판단하는 우연성에 대한 진지한 질문이 없었더라면 미래를 예상하는 확률이라는 수학적 지식 체계에 이르기 어려웠을 것이다. 인쇄술의 발명 이

---

* 이 글은 2015년 10월 24일 연세대학교 유럽사회문화연구소 정기학술대회에서 발표한 자료를 수정 보완한 것임.

후 확률과 숫자의 활자화가 증가하면서 사회적 현상들에 대한 설명은 계량화되고 시각화되어 도표로 제시되는 경우가 증가하는 추세에 있다. 현대적인 컴퓨터의 등장은 계산 결과를 축적한 통계적 경향과 추이를 신뢰하는 가치 판단 체계를 강화한다. 디지털시대의 미디어와 결합한 기계와 장치들은 통계적 수치에 대한 신뢰도를 상승시킨 것처럼 보인다. 통계학은 이제 과학의 지위를 얻게 되었으며, 이와 함께 인간 사회의 도박성과 범죄성에 대한 예측과 과학적 판단이 가능하다는 생각이 강화되었다. 최신 학문(특히 인문학)과 지적 탐구의 결과도 명료한 진리를 서술하기보다는 주로 '어떤 전제를 가정하여 얻게 된 정보들'로 채워진다. 본 연구에서는 프리츠 랑 Fritz Lang(890~1976)의 영화 <도박사 마부제 박사 Dr. Mabuse, der Spieler>(1922)를 영화적 사유실험의 관점에서 고찰하고자 한다. <마부제 박사> 이후 랑은 <마부제 박사의 유언>(1933)과 TV 연작 <마부제 박사의 천개의 눈>(1960)을 제작했다. 영화 속에서 마부제는 도박사, 범죄자 그리고 정신분석학 교수의 다중역할을 수행하는 분열적 주인공이다. 시리즈 영화 속에서 주인공 마부제는 언제나 새로운 환경에 배치되어 불확정적인 상황과 우연의 세계에서 극단적인 삶을 유희한다. 무성영화가 등장한 시대에 랑은 빛과 어둠, 범죄와 공권력, 지식인과 범죄자, 과학과 정신분석의 주제들을 영화화하면서 새로운 매체를 사유실험의 도구로 적극 활용한다. <마부제 박사> 연작 시리즈는 이후 필름 느와르, 스릴러, 심리극, SF 영화 등에서 도박, 범죄 정신분석에 관한 지적 논쟁을 확대 재생산하는 효과를 발휘하고 있다.

2. 가정하며 사유하기 - 철학과 물리학의 사유실험

사유실험은 "세계에 관한 새로운 지식을 얻는 데 유용한 방법"(코헨 2007, 17)으로 학문적 토론과 지식의 확장에 기여한다. 인간은 불확실한 사건이나 현상에 대하여 판단하고 진술하기 위해 어떤 가정을 전제로 사유하고 성찰할 수 있는 존재다. 철학자들은 자신이 말하고 싶은 것을 위해 사유하고 성찰하며 실험하는 반면, 현대의 과학자들은 실험 도구나 장비를 갖추고 실험결과에 따라 결론을 도출해낸다. 실험물리학의 경우와는 달리 이론물리학에서는 자연에 대한 선험적인 지식을 얻기 위해 사유실험을 이용한다. 사유실험이라는 개념은 독일어 Gedankenexperiment에서 유래하였고, 오스트리아의 물리학자 에른스트 마흐 Ernst Mach (1938~1916)가 처음으로 도입하여 사용했다.[1] 프톨레마이오스 Ptolemaios (83~106)는 우주 공간에 올라가 하늘과 지구의 움직임을 총체적으로 관찰하지 않았지만 천동설을 이론화했다. 갈릴레오 Galileo Galilei (1564~1642) 역시 피사의 사탑에 올라 무거운 공과 가벼운 공을 동시에 떨어뜨리는 실험을 하지 않고 두 공이 지상에 도달하는 시간의 차이에 관한 마음속의 실험실을 작동시켰다.[2] 프톨레마이오스

---

[1] "마흐가 즐겨 예로 들어 설명하던 사유실험은 다소 현실성이 떨어지는 실험으로, 마찰이 없는 직각삼각형을 둘러싸고 있는 쇠사슬 이야기이다. '이는 중세철학자 스테빈이 제시한 예에 따른 것이다. 그는 경사면에서 어떤 무게를 지니는 물체와 평형을 유지하기 위해서는 얼마만큼의 무게가 필요한가라는 문제를 탐구하면서 위의 예와 유사한 내용을 논의하였다.'" 마르틴 코헨, 『비트겐슈타인의 딱정벌레』, 김성호 옮김 (서울: 서광사, 2007) p. 103.

[2] 갈릴레오의 잘 구축된 사유실험으로 더 잘 알려진 예가 있다. 즉 갈릴레오는

의 천동설과 갈릴레오의 실험은 물리학의 논리 체계와 연구 방법에 관한 풍부한 유산을 남겼다. 프톨레마이오스의 주장은 후속 검증을 통과하지 못하여 새로운 이론으로 대체되었지만, 지식의 체계와 방법에 관한 지식의 발전사에서 제외할 수 없는 유산을 남겼다. 갈릴레오의 사유실험도 물리학 연구의 방법을 개선하는 실험물리학의 기획과 태동에 결정적으로 기여했다. 코헨은 "현대 과학이 단순한 몇 가지 사고실험들에 기초하여 세워졌다"[3]고 해도 과장이 아니라고 주장한다. 잘 구축된 사유실험으로는 양자역학의 원리를 설명하기 위해 도입한 '슈뢰딩어의 고양이'나 설의 '중국인의 방' 등 수도 없이 많다. 오스트리아의 물리학자 슈뢰딩어 Erwin Schrödinger (1887~ 1961)는 어떤 고양이가 밀폐된 상자 안에 갇혀 있다고 가정하며, 독가스에 연결된 밀폐된 상자라면 그 안의 고양이는 한 시간 후에 어떻게 될 것인가를 질문한다. 슈뢰딩어의 질문은 훗날 양자법칙이 거시세계에까지 확장된다면 어떻게 될까에 대한 문제로 확대된다. 낮은 단계의 사유실험은 다음 단계의 질문으로 나아가 지식의 체계를 개선하거나 새로운 차원의 성찰에 대한 단초를 제공하게 된다.

슈뢰딩어가 제시한 질문의 경우 물리학적 입장에 따라 밀폐된 상자 속 고양이의 상태에 대한 답변은 상이할 수 있다. 고전역학자들은 실재론자들이어서 그들의 입장대로라면 상자를 확인하는 행위와 고양

운동하던 물체가 멈추는 것은 물체와 접촉면 사이에서 생기는 마찰력 때문이며, 마찰력이 작용하지 않는다면 힘이 작용하지 않아도 일단 움직인 물체는 등속직선운동을 할 것이라고 생각했던 것이다.

[3] 앞의 책, 2007, p. 9.

이의 생사 여부를 결정하는 일의 영향 관계를 고려하지 않을 것이다. 한 시간 후의 일은 어떻게든 결정되어 있을 것이니 박스를 열어 관찰하는 행위는 결과와 무관하다고 주장할 것이다. 반면 양자론자들은 절대적으로 관측에 지배받는다고 주장할 것이다. 고양이의 생사여부는 밀폐상자를 열어봤을 때에만 의미를 지닌다는 것이다. 전자는 결정론적인 사유에 기초하고 있으며, 후자는 비결정론적인 사유를 취한다. 슈뢰딩어가 제안한 이 질문은 "우연적으로 일어나는 미시적인 사건이 거시적 세계에 영향을 미칠 때 어떻게 되는가를 보여주는 하나의 패러독스"[4]로서 거론된다. 그 외에도 확률에 의한 세계관을 받아들이는 '가능세계론'과 '통계론'적 입장이 대립한다. 즉 상자를 여는 순간 세계는 고양이가 '죽은 세계'와 '죽지 않은 세계'의 두 갈래로 나뉜다. 통계학자들은 확률론을 받아들이는데, 만약 어떤 이가 여러 번 실험을 반복한다면 어떤 평균적인 값에 이르게 된다는 것이며, 그 평균치가 바로 고양이가 죽을 확률이라는 것이다.

과학적 사유에서 고전적역학과 양자론이 서로 대립하며 지적 체계의 확장에 기여해 왔다면, '가능세계론'과 '확률론' 사이의 갈등도 같은 역할을 수행해 왔다고 볼 수 있다. 이를 바탕으로 끝없이 오가는 도박자와 범죄인의 정신세계를 유비적으로 설명하는 것이 가능할 것이다. 창조적 대립과 갈등, 나아가 일상적 삶 가운데 속에서의 도전적 사유의 친연관계를 설명하기 위하여 도박사Spieler 마부제 박사 Dr.

---

4 https://ko.wikipedia.org/wiki/%EC%8A%88%EB%A2%B0%EB%94%A9%EA%
B1%B0%EC%9D%98

Mabuse의 경우는 많은 시사점을 제공하고 있다.

3. 예술적 사유실험 – "만일 그렇다면 어떻게 될 것인가?"_{Quid} si sic? – 티코 브라헤_{Tycho Brahe}

이성적인 논증으로 뒷받침되는 이론은 분분한 의견만이 있던 곳에서 지식을 생산하고, 이데올로기만 있던 곳에서 과학을 생산하리라고 기대되었다. 부조리하고 조롱 섞인 한 지식의 체계는 다양한 관점과 차원에서 모험하고 성찰하고 실험하는 과정에서 대립과 갈등을 넘어 새로운 체계가 성립된다. 그런 관점에서 본다면 어떤 학문의 체계이든 아직 완성된 것은 아니다. 오늘날 세분화된 학과목의 처음에는 철학과 물리학이 위치하고 있었으며, 간단한 생각의 유희로 시작하여 거대한 결과를 초래할 수 있는 가능성은 아직도 열려있다고 볼 수 있다. 인간의 삶과 관련하여 지적 세계의 확장에 기여해온 사유실험은 철학자나 물리학자의 전유물은 아니며, 이미 예술, 예술가, 예술작품에서 많은 예를 발견할 수 있다.

3.1. 예술, 예술가, 예술작품의 사유실험

생산적인 사유 실험은 지적인 체계의 발전과 새로운 논쟁을 촉발하는 유효한 질문을 제기한다. 지난 세기에 나온 마르셀 뒤샹의 <샘>이나 앤디 워홀의 <브릴로 박스>의 경우 이것이 과연 예술작품에 속하는가에 대한 질문을 제기되었으며, 지금도 예술의 정의를 이야기할 때 거론하는 단골메뉴가 되었다. 이십세기 초의 역사적 아방가르드 예술가들은 메시지를 전하는 대신에 의문을 제기하거나 질문을 던지는 형식으로 문제의식을 드러내는 경우가 많았다. 그들은 문제의 해법을 은연중에 암시하지 않고 출구가 막힌 시대에 예술에 대한 회의에 빠졌다. 그 결과 본질적인 질문을 하는 형식의 작품으로 함께 답을 찾아보자고 제안하는 유희를 즐겼다. 일차 세계대전 중에 그들이 마주한 시대적 상황에 대한 충격 때문에 당시 예술가들이 과장된 유희를 하도록 요구되었다고 할 수 있다.

뒤샹과 워홀의 작품으로부터 단토 Arthur C. Danto(1924~2013)는 일반적인 예술론을 도출하고자 시도했다. 그는 동일한 두 대상이 어떤 경우에는 예술품이고 어떤 경우에는 예술품이 아닌가에 대하여 진지하게 성찰하면서, '무엇에 관한 것인가'라는 질문을 사물과 예술품을 구별하는 핵심으로 삼았다. 예술품이 되기 위해서는 그 대상에 대한 역사적인 지식을 고려해야 하는데, 단토는 예술품이 역사적인 대상물이라고 생각한 것이다. 예술이란 무엇인가를 설명하기 위해 현존하는 예술작품의 예를 드는 대신에 단토는 <아홉개의 빨간 사각형>에 대한 사유실험을 소개한다.

덴마크의 재인才人 쇠렌 키르케고르가 묘사한 적이 있는 그림에 대해 생각해보자. 그것은 이스라엘 민족이 홍해를 건너는 그림이었다. 그 그림을 보노라면 그런 주제를 가진 그림이 으레 기대하게 할 만한 것, 예를 들면 니콜라 푸생이나 알브레히트 알트도르퍼 같은 화가들이 그렸다고 상상할 경우 보게 됨직한 것들 (...), 그런 것들과는 아주 다른 것을 보게 될 것이다. 이 경우, 그 대신 붉은 색의 사각형이 있고, 화가는 '이스라엘 민족은 이미 바다를 건넜고, 이집트 군대는 물에 빠졌다'고 주장한다. 키르케고르는 자신의 삶의 결과가 바로 그 그림과 같다는 논평을 덧붙인다. 모든 영적 환난, 황야에서 신을 저주하는 아버지, 레기네 올센과의 결별, 기독교적 의미에 대한 내적 추구, 고통에 잠긴 영혼의 지속적인 논쟁들은 마라바 동굴의 메아리처럼 '하나의 정조, 단 하나의 색깔'로 용해되었다.

키르케고르가 묘사한 그림 옆에 그것과 똑같은 것을 놓고, 이번에는 이 그림이 거대한 심리적 침투력을 가진 「키르케고르의 기분」이라는 작품을 만든 덴마크의 초상화가의 그림이라고 가정해보자. 그리고 이런 식으로 붉은 사각형으로 만들어진 일련의_그림이 차례로 늘어서 있다고 상상해보자. 앞의 두 그림이 서로 닮은 것과 마찬가지로 서로 (정확히) 닮은, 모스크바 풍경을 재치 있게 묘사한 'Red Square 붉은 광장'를 놓도록 하자. 우리의 다음 작품은 우연히도 「Red Square 붉은 사각형」라는 똑같은 제목을 가진 기하학적 미술의 미니멀리즘적 전형이다. 그 다음에는 「니르바나」가 놓여 있다. 그것은 니르바나 Nirvana와 삼사라 Samsara의 질서가 동일하며, 삼사라-세계는 그것을 경시하는 사람들에 의해 흔히 붉은 먼지라고 불린다는 것에 대한 예술가의 지식을 토대로 그린 형이상학적인 그림이다.[5]

단토는 뒤샹과 워홀의 작품에서 영감을 받아 아홉 개의 <빨간 사각형>을 상상하고 이들이 전시된 갤러리를 상상한다. 빨간 사각형은 모두 동일하다. 아홉 개 중에서 일곱 개의 빨간 사각형은 분명한 예술작품이다. 예술품이 아닌 하나는 조르조네(1478~1519)가 초벌칠을 한

---

5 아서 단토, 『일상적인 것의 변용』, 김혜련 옮김 (서울: 한길사, 2008) p. 67.

캔버스다. 이것은 예술작품은 아니지만 미술사가들의 주의를 끈다. 이것을 자세히 관찰하면 르네상스 시대와 조르조네의 붓질하는 기술을 구별하여 알아볼 수 있다. 또 다른 사각형의 경우에 색칠되었지만 예술품은 아닌 경우이다. 예술가 J는 이것을 출품하여 갤러리에 전시되도록 했다. 작가는 관객을 향하여 이것이 단순한 사물인가, 아니면 예술품인가에 대한 사유를 제안한다. 단토의 설명을 좀 더 따라가 보자.

이제 우리는 앙리 마티스의 격분한 한 제자가 그린 「붉은 식탁보」라는 정물화를 그 다음에 포함시켜야 할 것이다. 우리는 그 그림이 이 경우에 다소 느슨하게 적용된다고 생각할 수도 있다. 우리의 다음 대상은 진짜 예술품이 아니라, 생전에 조르조네가 실제로 그렸다면 그의 미완성의 걸작 「성스러운 대화」를 완성한 것이라고 생각됨 직한, 붉은 동판 위에 직접 칠한 캔버스에 불과하다. 그것은 예술작품이 아니지만 미술사적인 흥미로움이 없다고 볼 수 없는 것은 그 붉은 표면 때문인데, 왜냐하면 조르조네는 직접 그 위에 초벌칠을 했기 때문이다. 마지막으로 나는 붉은 동판 표면에 초벌칠을 하지 않고 직접 색칠한다. 즉 그것은 예술작품이 아니며, 미술사적으로 그것이 갖는 유일하나 흥밋거리는 우리가 그것에 대해 생각하고 있다는 사실에만 있을 뿐인, 내가 전시한 인공물일 뿐이다. 즉 그것은 물감이 칠해진 단순한 사물일 뿐이다. 또한 그 목록에는 조르조네의 작업장에서 만들어진 것부터 예술이라는 고상한 지위를 전혀 염두에 두지 않는 단순한 사물까지 포함되어 있다.

내 전시회에 찾아온 평등주의적 태도를 가진 시무룩한 얼굴의 젊은 화가― 나는 그를 J라고 부르겠다―를 화나게 하는 것은 대부분의 전시물에 '예술작품'이라는 고상한 이름이 붙여진 반면, 눈에 보이는 모든 세부적인 면에서 그것과 똑같이 닮은 대상이 배제되었다는 사실인데, 그는 그것을 '신분상의 부정의 rank injustice'라고 부른다. 일종의 정치적 분노를 느끼고 있는 J는 나의 단순한 붉은 사각형과 닮은 작품을 그렸고, 그것을 나의 전시회에 포함시킬 것을 요구하여 나는 기꺼이 그 요청을 받아들였다. 그것은 J의 대표작 중의 하나는 아니지만, 그럼에도 불구하고 나는 그것을 전시했다. (...) 내가 J에게 새 작품의 제목이 무엇이냐고 묻자, 짐작한 대로 그는 다른 어떤 것이나 마찬가지로「무제」가 적당할 것이라고 대답했다.(...) 역시 짐작한 대로 J에게 그의 작품이 무엇에 관한 것인지 물었을 때, 나는 그것이 무엇에 관한 것도 아니라는 답변을 들었다. 나는 그 제목이 그 작품의 내용에 대한 기술이 아니라고 확신한다.[6]

아홉 개의 동일하게 보이는 사각형을 가지고 사유실험한 결과로부터 무엇을 확인할 수 있는가? 무엇이 예술작품과 단순한 사물을 구별하는가에 대한 질문으로부터 적어도 몇 가지 통찰을 얻을 수 있다.

첫째로, 단순한 사물과 예술품을 자세히 관찰해도 차이를 발견할 수 없다. 사물의 빨간 사각형과 예술품의 빨간 사각형은 외견상 동일하게 보인다. 이 결과는 자명한 것과는 다르다. 예술미학사의 틀 안에서 드러난 예술작품과 단순한 사물의 차이란, 감각적으로 인지 가능한 독특한 특성으로 규정되어야 한다는 것이다. 단토는 감각적으로 인지할 수 있는 특성들의 중요성을 부인하지 않는다. 단토의 이론은 그러나 감각적으로 인지 가능한 특성을 넘어서는 예술 규정을 인정하지 않는다. 단토에게 단순한 사물과 예술작품의 차이는 인지의 차원이

---

6 위의 책, 2008, pp. 67~71.

아니라 지식 차원에서의 차이가 중요하다.

둘째로, 갤러리에 전시된 빨간 사각형은 단순하게 색칠해진 주제/모티브/소재 Sujet 예술적 표현의 내용 또는 대상)가 아니라, 어떤 것, 무엇인가를 주제화하는 것이다. 그렇기 때문에 단순한 사물과는 다른 제목을 갖는다는 것이다. 단순한 사물은 어떤 것에 관한 부류에 속하지 않기 때문이다.

사실 <샘>과 <브릴로 박스> 자체만으로도 뒤샹과 워홀의 사유실험으로 볼 수 있다. 여기에서 단토는 두 예술가로부터의 사유실험을 묶어서 현대 예술에 대한 성찰과 이론화 작업을 진척시킨다. 『일상적인 것의 변용』의 첫머리에 제시된 단토의 설명은 <샘>과 <브릴로박스>를 창조한 작가와 작품뿐만 아니라 말레비치의 <검은 사각형>과 융합하여 예술에 대한 전통적인 정의에서 불충분한 지점을 발견하고 새로운 정의의 가능성을 질문하는 형식 실험을 완성한 것으로 볼 수 있다.

3.2. 문학적 사유실험

카프카Franz Kafka는 「변신Verwandlung」에서 어느 날 우리가 잠에서 깨어났을 때 자신의 몸이 딱정벌레로 변해있다는 사실을 인지하게 되는 순간을 가정하도록 제안한다. 카프카의 제안에 독자는 카프카의 실험 결과에 궁금증을 갖기 시작한다. 코헨은 변신 이야기에서 "터무니없는 이야기들조차도 우리의 직관이나 가정 모두에 대하여, 이들이 방법론적이든 아니든 윤리적이든 간에, 현실에 얽매인 구체적인 경우에 비하여 훨씬 더 많은 내용을 전해준다"[7]고 단정한다. 문학적 성공이란 잘 구축된 사유실험이 미학적 가치판단을 넘어 새로운 질문의 여지를 남기는 경우에도 유효한 것이다. 인간은 끊임없이 머릿속으로 사유하거나 실험도구를 이용하여 실험하고, 실험에 대한 결과를 미리 예측하는 과정을 반복하며, 예측할 수 없는 경우에도 불구하고 존재의 모험을 즐긴다. 작가는 그런 취향 자체까지도 예술적 실험의 대상으로 삼기도 한다.

영국의 수학자이자 작가였던 루이스 캐럴 Lewis Carroll(1832~1898)은 1865년에 『이상한 나라의 앨리스』를 발표했다. 캐럴의 주인공 앨리스는 토끼굴에 들어가 기묘하고 의인화된 생명체가 사는 환상의 세계에서 기상천외한 모험을 감행한다.

토끼 굴은 얼마 동안 터널처럼 반듯하게 뚫려있는 듯하더니 갑자기 아래로 떨어져 내리게 되어 있었다. 미처 멈추어야 한다는 생각을 할 겨를도 없이 앨리스는 바로 깊은 우물과도 같은 굴 아래로 떨어져 내렸다. 굴은 매우 깊었지만 어찌된 셈인지 앨리스의 몸은 아주 천천히 떨어져서 그녀는 앞으로 어떤 일이 생길지를 염려하면서 주변을 살필 수 있는 충분한 시간이 있었다. (...) 계속 아래로, 아래로. 이러다가는 끝도 없이 떨어지기만 하는 것이 아닐까? '지금까지 몇 마일이나 떨어져 내렸는지 모르겠네.' 앨리스가 큰 소리로 말하였다. '틀림없이 지구의 중심에 가까워졌을 거야.'[8]

---

7 앞의 책, 2007, p. 31.
8 위의 책, 2007, pp. 41~45.

현실세계에 실체로 존재하지만 아직 아무도 여행한 적이 없는 지하세계에서 벌어지는 모험담인 캐럴의 소설에서 앨리스가 빠진 굴과 관련하여 중요한 문제가 제시된다. 독자들은 지구 중심을 관통하여 대척점으로 이어지는 구멍에 어떤 사물이 빠진다면 어떤 일이 발생할 것인가에 대한 질문을 확장해 나갈 수 있다. 작가는 이를 문학적으로 포착하여 사람들로부터 가능한 추론과 상상을 하도록 구축한 것으로 이해할 수 있다. 지동설 이전의 사람들은 지구의 중심이 곧 우주의 중심이며 그곳은 여러 가지 이상한 일들이 일어날 수 있는 신비한 장소라고 믿었을 것이다. 과학자라면 삽으로 땅을 파내려가서 지구의 중심에 도달하려는 실험을 할지도 모른다. 그러나 작가는 마음속의 실험실을 활용하여 예술적 상상력의 아카이브로 기능하도록 이야기를 구축한다. 캐럴의 소설은 실제로 독자들의 상상력을 고양하고 과학적 사유를 자극하는 마력을 발휘하고, 결과적으로 세계적인 관심을 끌게 되었다. 캐럴의 작품은 실제로 연극, 영화, 텔레비전 드라마, 뮤지컬 등 다른 미디어로 확산되었으며, 작곡가 진은숙(1961~)은 오페라로 작곡하여 멀티미디어를 활용한 종합예술을 지향하는 매체 실험으로 계승하였다.

인문학에서의 사유실험은 사물의 실체나 개념을 이해하기 위해 가상의 시나리오를 이용하는 것으로만 제한할 수는 없다. 가상의 시나리오가 어떻게 작동할 것인지 생각하는 선험적apriori 방법은 관찰이나 실험을 통한 경험적empirical 방법과 대비된다. 여기에 새로운 매체기술은 당대의 중요한 사유실험의 도구나 모델로 이용되기도 했다. 문자미디어에서 시작된 언어적 사유는 기술적 도구와 상상력을 결합하는 매체실험의 확장으로 이어진 것이다.

4. 〈도박사 마부제 박사〉

랑의 시대에 첨단매체였던 무성영화를 만든 선구자들은 이전의 소설이나 연극을 대신하는 극영화와 같은 예술품으로 진화시키는 것을 첫 번째 목적으로 삼은 것은 아니었을 것이다. 전통적인 문학, 음악, 회화에 대적할 수 있는 새로운 종합예술의 가능성을 확신했다기 보다는 새로운 매체에 대한 모험정신의 요소가 더 강했을 것으로 추측할 수 있다. 멜리에스의 경우 사람들의 생각을 변화시키고 발전시키는 유희를 제공하고 수익을 올릴 수 있다는 가능성 때문에 마술극장의 무대 뒷면을 스크린으로 삼아 영화를 통한 수익사업을 구상했을 것이다. 무명작가에 속하는 노베르트 자크 Norbert Jacques (1880~1954)의 원작 소설은 하르보우 Thea von Harbou (1888~1954)에 의해 시나리오로 각색되었다. 랑은 토키 영화 기술이 발명되기 전인 1922에 <도박사, 마부제 박사 Dr. Mabuse, der Spieler 1, 2>를 제작했으며, 서른한 살의 청년 랑이 만든 무성영화는 오늘날 필름 느와르의 고전이 되었다.

4.1. 정신분석학과 사유실험

<마부제 박사>의 주인공 마부제는 정신과 의사이자 도박사로 지식인이면서 평범한 사람을 속이는 사기꾼이다. 이런 타입의 인물을 우리는 단번에 이중생활자라고 단정할 수 있으며, 정신분석학에서 말하는 정신분열증 Schizophrenie 환자에 가깝다. 정신분석학은 프로이트 Sigmund Freud (1856~1939)가 제안한 정신질환자에 대한 새로운 치료 방식을 담

고 있다. 프로이트의 연구는 히스테리 환자나 다중인격자에 대한 정신과적 치료를 위한 연구에 새로운 차원을 열었다. 1895년에 요제프 브로이어와 공동으로 『히스테리 연구 Studien über Hysterie』를 출간한 프로이트는 1900년에 『꿈의 해석 Traumdeutung』을 내놓으면서 인간 내면세계에 대한 체계적인 해석을 제시한다. 초기에 브로이어와 샤르코의 영향을 받아 최면요법을 사용하여 환자를 치료하고자 했던 프로이트는 최면요법의 몇 가지 문제점을 파악하고는 최면요법 대신에 자유연상법을 사용하여 환자를 치료하기 시작했다. 최면요법은 환자가 받고 있는 억압을 제거하기 보다는 오히려 억압을 강화시킬 뿐만 아니라, 환자의 정신과정을 변화시키지 않고 그대로 지속시킨다는 비판을 받았기 때문이다. 프로이트의 정신분석학은 형식적으로 보면 자유연상법 치료로, 환자를 최면상태에 빠뜨리지 않고 대화하면서 자유롭게 연상하게 하여 모든 것을 털어놓게 한다. 이 경우 분석가의 세심한 분석과 해석을 전제로 한다. 정신질환 증세의 뿌리가 되는 갈등의 정체를 파헤치기 위해서 암시 기술을 사용하는 정신분석적 요법은 환자의 정신활동에서의 저항을 극복함으로써 환자의 삶을 지속적으로 변화시키고자 시도한다. 일단 환자가 자력으로 저항을 극복할 줄 알게 되면 환자 자신은 새로운 질환을 극복할 수 있는 정신활동의 수준에 오른 것으로 보며, 이것으로 능히 어떤 증세에도 적극적으로 대처하여 새로운 질환을 예방할 수 있다고 판단한다. 프로이트는 정신질환으로부터 생기는 갈등의 극복 과정이 정신분석적 치료의 모든 것이라고 설명한다.[9] 랑의 영화 속에 등장하는 주인공인 마부제는 정신분석학의 지식으로 정신질환으로 고통받는 환자를 치유하는 것이 아니라, 범죄단을 효과적으로 운영할 수 있도록 조직원들을 통제하고 관리하는 수단으로 오용한다. '도박사'라는 우리말 번역 때문에 이 영화가 도박영화일 것이라고 생각하게 되지만 사실은 공포, 미스터리, 범죄영화를 선도한 영화로 평가되어야 할 것이다.

일차 세계대전이 끝나고 유럽 사회는 가난한 사람들과 범죄자가 갑자기 증가했고, 도처에서 폭력, 도둑질, 도박 등이 난무했다. 정치적으로, 경제적으로 그리고 사회적으로 혼란한 시기가 지속되었으며, 모두가 불안한 시간을 힘겹게 견디고 있었다. 정신질환자들이 갑자기 증가했던 것도 당시의 시대적 상황과 긴밀한 관련이 있다. 정신질환자 가운데 특히 지식인도 있었다.[10] 정신병의 치료에 무력했던 당시의 의학계에 프로이트의 새로운 이론은 희망의 메시지가 되었다. 정신분석학이란 도박과 범죄에서 빠져나오지 못하는 정신세계에 대한 사유실험이며, 랑의 영화는 바이러스처럼 번지는 불안정한 사회적 분위기에 대한 영화적 사유실험으로 볼 수 있을 것이다.

4.2. 도박과 범죄의 심리학

랑의 영화는 첫 장면에 여러 장의 카드를 한 손에 쥐고 있는 마부제

---

9 강영계, 『프로이트 정신분석학 이야기』 (서울: 해냄, 2007) p. 384.
10 예컨대 드레스덴 고등법원 판사회의 의장을 역임했던 슈레버(Daniel Paul Schreber, 1842~1911)는 강박증 치료를 받았으며, 바부르크 도서관을 설립하고 문화학과 도상학적 해석학의 초석을 놓은 아비 바부르크(Aby Warburg, 1866~1929)도 정신분열증 때문에 격리병동에 감금된 채 치료를 받은 적이 있다.

의 모습으로 시작한다. 영화 속에서 주인공은 변장에 천재적인 재능이 있으며, 다중인격체로 분열되는 모습을 보여주면서 스토리가 시작된다. 마부제는 프로이트의 연구 결과를 영화적으로 충실하게 재현하는 주인공의 역을 수행한다.

랑은 도박성에 가까운 정신적 유희를 주식에 대한 집착에 비유하고 싶었는지 모른다. 마부제 영화의 제1막에서 주인공은 주식시장의 주가를 조작하려는 계획을 꾸민다. 마부제가 감행하려는 사건은 충성스러운 부하의 도움 없이는 성공하기 어려운 음모에 가깝다. 부하의 충성심을 이끌어내기 위해 정신분석학적 지식을 활용한다. 마부제는 범죄 집단의 두목 역할을 수행하게 되는데, 자신의 부하인 슈포에리 Spoerri가 마약을 하는 것을 알게 되고, 그런 약점을 들어 상대를 협박하는 기회로 이용한다. 슈포에리는 차츰 '의존성 인격장애 Dependent Personality Disorder'를 지난 인물로 변해 가는데,[11] 마부제는 철도를 이용하여 네덜란드와 스위스의 회사 사이에 송달되는 중요한 계약서를 중간 탈취하는 사건을 기획한다. 통신장치가 제한적인 상황에서 이런 범죄는 대단한 모험에 가까웠지만, 마부제의 열차 강도사건은 성공한다. 계약서가 분실되면서 두 회사 간 계약이 제때에 이루어지지 못하게 되고, 언론은 이를 대서특필한다.

---

11 '의존성 인격장애'를 가진 사람은 스스로 인생에 대한 결단을 내리거나 개척해 가지 못하고 행동과 결정을 다른 사람에게 내맡기는 경향을 보인다. 자신의 행동을 스스로 책임져야 하는 상황이 오는 것을 두려워하며, 타인의 보살핌을 얻기 위해서는 어떤 일이라도 자처해서 하는 모습을 보인다. 뭔가 좋은 방법을 누군가가 가르쳐주지 않을까 기대하기도 하고, 무방비 상태로 다른 사람의 말에 귀를 기울이고 순순히 따르는 경향을 가진다.

신문 특별호 Das Extrablatt: 밤 사이의 중요한 거래 계약서를 전하는 네덜란드 특사의 중요한 계약서는 약탈당하였으며, 범인에 대한 단서는 발견되지 않았다. 스위스 회사는 계약을 파기할 가능성이 있으며, 계약이 파기되면 네덜란드 커피와 카카오 회사들에게 엄청난 피해가 예상된다.[12]

이 소식과 함께 회사의 주가는 폭락하게 되고 마부제는 기회를 놓치지 않고 주식을 대량으로 저가 매수한다. 얼마의 시간이 지나고 나서 마부제는 자신이 탈취한 문서를 다시 세상에 내놓는다. 되찾은 문서와 함께 뒤늦게 회사 간 계약이 체결되면서 주식시장은 다시 상승세로 돌아선다.

열차에서 분실한 문서를 철도청 직원이 되찾았음!!! 거래문서가 도착하여 네덜란드와 스위스 회사 사이에 계약이 이루어짐.[13]

순식간에 주가가 상승하게 되자 마부제는 자신이 보유한 주식을 대

---

[12] "Extrablatt. Überfall auf einen Kurier! Wichtige Geheimverträge geraubt! Der holländische Kurier, der den geheimen Handelsvertrag zwischen Holland und der Schweiz nach Genf bringen sollte, ist im D-Zug überfallen und betäubt aufgefunden worden. Die Mappe mit dem Geheimvertrag ist verwchwunden. Von dem Täter fehlt jede Spur. Es steht zu befürchten, daß die Schweiz, falls der Vertrag in der Oeffentlichkeit bekannt wird, von ihm zurücktritt, wodurch die holländischen Kaffee- und Kakao-Konzerne, die unmittelbar an ihm beteiligt sind, geradezu vor eine Katastrophe gestellt würden." (1막의 자막)

[13] "Die Mappe mit dem holländisch-Schweizerishcn Handlesvertrag ist von einem Bahnwärter gefunden worden! Der Geheimvertrag ist unverletzt auf dem Schweizer Konsulat abgeliefert worden!" (1막의 자막)

량으로 매도한다. 마부제 박사의 도박은 여기서 멈추지 않는다. 마부제는 돈을 벌지만 정신과 의사로서의 직위와 명예를 박탈당하는 상황을 자초하는 결과를 가져온다. 영화의 초점은 마부제의 돈벌이 자체에 있지 않으며, 당시의 부족한 커뮤니케이션 상황에서도 열차 강도가 치밀하게 계획되고 성공적으로 수행될 수 있었다는 점에서 찾아야 할 것이다. 천재적인 범죄 기획자가 설계한 음모가 인간 장악 능력과 조직력을 통하여 성공에 이르는 과정을 시연하는 것이다.

영화에서 중요한 것은 마부제의 범죄가 우선 구체적이며 물리적 의미를 가진다는 것이다. 음모, 세련된 계획, 이들 각각의 단계들은 사전에 정밀하게 계획되어 완벽하게 작동하는 기계의 톱니바퀴처럼 맞물려 있다. 그러나 동시에 이상적 형이상학적 의미에서의 범죄에 해당한다.[14]

영화 1막의 마지막 장면은 텅 빈 주식거래장에 마부제의 얼굴이 오버랩된다. 영화 속에서 주가조작의 가능성에 대한 질문이 제기되는데, 불확실한 결과를 예측하는 도박에 가까운 유희를 통하여 자본주의를 작동시키는 핵심적 메커니즘이 바로 주식시장이다. 영화는 주식 시장은 얼마나 합리적인 가치관에 의해 기획되어 현실화되는가, 주식시장에 참여하는 투자가들의 판단력은 어떻게 조작되고 범죄적 음모는 은

---

14 "Im Mittelpunkt des Films stehen Mabuses Verbrechen zunächst in einem konkret-physischen Sinn: Intrigen, raffinierte Pläne, deren einzelne Schritte genau vorgeplant sind, so daß sie ineinandergreifen wie die Zahnräder einer perfekt arbeitenden Maschine." (Filmklassiker, 75)

폐되는가에 대한 진지한 질문을 남긴다. 주식, 주식투자, 주가조작 등에 관한 진지한 사유를 요청하면서 텅 빈 공간에 천재 도박사의 얼굴이 겹쳐진 모습으로 1막의 장면은 마무리된다.

우리말로 부정적인 의미가 전면에 드러나는 '도박사'는 독일어로는 Spieler다. 독일어 spielen은 여러 의미로 사용되는 동사이기에, <마부제 박사>를 도박영화로 이해한다면 이 영화의 의미와 가치를 부당하게 축소하는 것과 다름없다. 영어판에서 gambler의 일차적 의미가 '게임하는 인간'이라는 점에 주목할 필요가 있다. 영화에서는 도박을 포함하는 넓은 의미에서 호모 루덴스에 가까운 인물의 전형으로 설정된 것으로 보인다. 독일어 Spieler는 운동선수(축구, 경마 등), 연기하는 배우, 악기 연주자, 소꿉장난하는 어린이, 변장하는 사람, 트럼프놀이하는 사람, 마술사, 주식투자자, 점쟁이(별을 보고 점치는 천체물리학자), 예언가, 허풍쟁이, 돈을 걸고 도박하는 사람 등을 포함하기 때문이다.

4.3. 인간유희 Menschenspiel와 정신착란

<마부제 박사>가 만들어질 무렵 유럽의 경제는 파탄으로 빠져들고 있었다. 유럽 화폐의 가치는 하락하고 달러의 가치는 가파르게 상승하면서 독일의 경제 사정이 급격히 악화되던 때였다. 인플레이션은 매년 50% 수준으로 상승곡선을 그리고 있었으며, 가난한 사람들은 막다른 골목으로 몰리던 상황이었다. 정신분석학자 마부제는 탈출구가 없어 보이는 사람들을 모아 위조지폐 제조단을 조직한다. 영화에서 마부제

의 조력자들이 조직적으로 결속하여 대량으로 위조 달러를 제조하려는 음모가 두드러지게 보이는 반면, 큰돈을 벌고자 하는 집념은 크게 드러나지 않는다. 오히려 하수인들을 완벽하게 구속하고 통제하는 기술을 만들어내는 범죄자의 천재적 성격을 전면에 드러내고자 한다. 자본주의가 극단화되고 경제적인 위기가 고조되면서 화폐를 위조하려는 심리적 유혹이 만연되었던 시대적 상황이 중요하다. 영화의 도박 장면에서도 많은 돈을 벌겠다는 의지보다는 치밀한 범죄 구성능력을 과시하려는 의지에 영화의 초점이 맞춰진 것으로 보인다. "마부제와 그의 밤 Er und seine Nacht"에서 범죄는 어둠을 틈타 발생하며, 저녁 시간에 정신과 의사 마부제는 대중을 위하여 과학 강연 계획을 공개한다. 그의 강연을 소개하면서 전제가 되는 다음과 같은 조건이 제시된다.

정신병 환자가 정신과 의사 이외에 누구와도 대화를 하지 못하는 환경이 주어진다면 정신병은 고쳐질 수 있습니다. 80%의 정신병 환자들은 정신분석을 통하여 치료될 수 있습니다.[15]

정신분석학에 관한 마부제의 강연회가 있다는 소식이 알려지자 수많은 사람이 강당으로 모여들었다.

마부제의 대화 치료는 격리된 장소에서 의사와 환자 사이의 은밀한

---

15 "Wenn es mir gelingt, den Kontakt zwischen Arzt und Patienten so herzustellen, dass Störende Einflüsse von dritter Seite absolut ausgeschlossen sind, dann hege ich die feste Überzeugung, dass in Zukunft 80% aller Nerven erkrangkungen durch Psychoanalyse zu heilen sind."(영화 속의 자막)

관계를 전제로 한다. 이런 새로운 치료 방법에 대한 관심을 영화는 장면화한다. 사람들은 강당에서 시연되는 최면술에 신뢰와 놀라움으로 맞는다. 프로이트는 최면술을 이용하여 많은 환자를 치료했지만, 마부제는 정신분석학의 지식을 이용하여 도박하는 상대방에 최면술을 실행한다. 최면에 걸린 도박 상대자가 큰돈을 배팅하도록 유도한 것이다. 마부제의 사기도박 사실이 널리 알려지면서 폰 벵크 검사가 사건에 개입하기에 이른다. 검사는 범죄에 연루된 백작을 찾기 위해 먼저 백작 부인에게 협조를 구한다. 백작은 자신이 왜 도박을 했는지, 그것도 왜 사기 도박을 하게 되었는지 심히 비관하며 검사를 찾아왔으며, 결국에는 스스로 정신착란에 이르게 된다. 이에 검사는 친분이 있는 정신분석학자 마부제를 백작에게 소개하는데, 백작은 외부의 사람들과 단절되어 혼자 자택에서 지내며 마부제의 치료를 받게 된다. 정신치료를 위해 "누구와도 대화를 하지 못하는 환경"을 전제로 하는 것은 정신분석학에서 아직도 신비한 영역을 다룬다는 의미를 포함한다. 백작 부인이 마부제의 집에 감금된 상태에 있다는 것은 정신분석학자의 음모가 개입될 수도 있다는 가능성이 함께 암시되는 것이다.

> 탈인간화된 인간의 악마적 행동에서는 목적도 없고, 논리도 없다. 모든 것이 도박이다. 그러나 다른 사람들이 도박하는 동안 마부제 박사는 인간의 생명 그리고 인간의 운명과 도박을 한다. 그에게 다른 모든 것은 어떤 목적을 위한 수단일 뿐이다.[16]

---

16 "There is no purpose, no logic in this demonic behaviour of a dehumanized mankind – everything is a game. Yet while other people are enjoying

마부제의 적수이자 경쟁자 Gegenspieler 폰 벵크 검사가 카로자를 회유했다는 소식이 전해지자, 마부제는 감옥에 간수로 변장해 있는 부하를 통해 독약을 전달하게 한다. 마부제는 자신의 또 다른 부하에게 검사의 사무실에 폭탄을 설치하도록 하면서 국가적 공권력이 범죄로 규정하는 경계선을 넘게 된다. 카로자는 자살하고 폭탄을 설치하던 부하는 체포되는데, 카로자가 독살당한 것을 본 부하는 크게 당황해한다. 부하는 결국 마부제 박사의 총을 맞고 죽게 되고, 검사는 손에 들어온 단서조차 놓치게 된다. 마부제 박사는 백작부인에게 함께 이 나라를 떠나자고 제의하지만, 부인은 남편에게 돌아가야 한다며 거절한다. 마부제는 더는 남편 이야기를 하지 말 것을 요구하며, 백작의 이름을 내놓는 것은 남편에게 사형선고를 내리는 것과 같다고 경고한다. 부인이 계속 남편에게 돌려보내줄 것을 요구하자 마부제는 최면술을 통하여 백작이 스스로 자살하게 만든다.

랑은 프로이트의 정신분석학 이론을 사유실험의 대상으로 만든다. 폰 벵크 검사는 정신병 환자를 치료하는 의사 마부제의 반대편에서 공무를 수행하는 경쟁자이다. 검사는 마부제의 범죄에 맞서 사회질서를 유지하기 위한 공적 사유실험을 수행한다. 검사가 자신의 임무를 수행하기 위해 사무실로 들어서자 이미 그의 사무실에 와 있는 마부제를 만나게 된다. 의사 벨트만이 검사를 상대로 심령술에 대한 시연을

themselves in gambling, Dr. Mabuse gambles with human lives and human destinies. Everything else is only a means to an end for him." (Eisner 1976, 58, B.Z. am Mittag에서 재인용)

해보이겠다는 말에 폰 벵크는 동의한다. 공권력을 대표하는 마부제의 경쟁자인 검사는 정신과 의사의 실험에 걸려들고 결국에는 최면에 걸리게 된다. 마부제의 실험 도중에 검사는 벨트만이 바로 도박사이며 변장한 마부제 박사였음을 알게 된다.

<마부제 박사>가 마지막에 제시하는 중요한 질문은 정신착란자에 대한 판결이다. <마부제 박사의 마지막 유언>의 마지막 장면에서 로만 경위는 자신이 더는 개입할 수 없다고 선언하는 장면이 나온다. 영화 <마부제 박사>는 정신질환과 연루된 범죄행위에 대하여 마지막에 법적으로 처벌하고 감옥형으로 다스려야 하는지, 정신과 진료와 판단에 따라 치료하고 치유를 받아야 하는지 질문한다. 영화는 이 질문에 대한 최종 판단을 관객에 넘긴다. 독자와 관객에게 결론을 제시하고 그들을 계몽하는 대신에, 결론을 유보하고 독자와 관객의 사유를 자극하는 질문을 던지는 것으로 영화는 끝난다.

5. 지식의 축적과 성장에 관하여

과학적 지식은 실험을 통하여 검증된 지식을 축적하며 성장해 왔다면 인문학적 지식은 어떤 과정을 통하여 확장되어왔는가에 대한 검토가 본 연구의 중요한 출발점이었다. 인문학적 지식은 미디어를 통한 사유실험을 통하여 확장되며, 그런 예술적 사유실험의 독특한 방식을 랑의 영화와 관련지어 설명하고자 했다. 랑은 사회적이며 예술적인 표현의 다양성을 위한 표현주의적 유희를 옹호한다. 그는 "표현주의는 유희다. 그렇지 않을 이유가 뭔가. 오늘날 모든 것은 유희에 불과하다. Expressionismus ist Spielerei. Warum auch nicht. Alles ist heute Spielerei"라는 고백을 남겼다. 그의 표현에서 민주적인 생각이나 관용과 긴밀한 관련성은 없는 것처럼 보인다. 그의 유희는 범죄조직과 지배력의 토대를 드러내려는 극단적인 상황을 가정한다. 그 속에서 가능한 극단적 상황을 통하여 사회적이고 개인적인 질서를 구축하고 가치를 판단하는 메커니즘을 파악하려는 것이며, 동시에 지식을 만들고 이를 근거로 판단하고 평가하는 체계를 시각화하고자 한다. 랑의 영화적 사유실험은 이런 지적 체계에 대한 판단, 평가, 비판을 독자와 관객에게 질문하는 형식으로 수행되었다고 할 수 있다. 도박과 범죄 행위는 정신분석학의 중요한 성찰 영역이었으며 랑은 그런 상황을 영화매체를 통하여 시각화한 것이다.

계산과 통계의 결과가 과학의 지위를 점하는 시대에 예술적 상상력은 측정되고 계산된 사유실험을 거쳐 잘 빚어진 구축물을 만들어낸다. 문학은 다른 매체로의 전환을 위한 과도기적 단계의 기능을 수행하는 경우가 많아졌다. 프리츠 랑의 영화를 통하여 원작 소설의 작가는 자신의 작품을 개작하기에 이르렀고, 개작한 소설은 후속 영화 제작에 영향을 주었다. 랑은 주인공 마부제를 통하여 도박, 범죄, 정신분석학과 관련한 개념과 정의, 주제와 장면을 시각화하여 풍부한 유산을 남겼다. 이후 수많은 범죄영화, 스릴러, SF영화의 장면에는 <마부제 박사>로부터 물려받은 인물, 상황, 기법, 주제들이 아직도 생산적으로 변주되고 있다. 히치콕의 심리극, 스릴러, 정신이상의 주제를 다룬 영화 가운데 랑에게 헌정되는 작품이 많으며, 샤브롤 감독의 <닥터 M>

은 그 중의 하나일 뿐이다. 마부제의 유산을 받은 것으로 평가된 작품에 관한 후속 연구는 지속적으로 수행되어야 할 연구주제로 남는다.

■ 참고문헌

강영계, 『프로이트 정신분석학 이야기』, 해냄, 2007.

이한구, 『지식의 성장』, 살림, 2004.

황현탁, 『사행산업론: 도박과 사회』, 나남, 2012.

줄리언 바지니·피터 파슬, 『철학자의 연장통』, 박준호 옮김, 서광사, 2007.

오카다 다카시, 『심리를 조작하는 사람들』, 황선종 옮김, 어크로스, 2013.

마르틴 코헨, 『비트겐슈타인의 딱정벌레』, 김성호 옮김, 서광사, 2007.

거다 리스, 『도박』, 김영선 옮김, 꿈엔들, 2002.

이언 해킹, 『우연을 길들이다: 통계는 어떻게 우연을 과학으로 만들었는가?』, 정혜경 옮김, 바다출판사, 2012.

로널드 N. 기어리, 『학문의 논리 - 과학적 추리의 이해』, 남현·이영의·여영서 옮김, 간디서원, 2004.

존 케이지, 『사일런스』, 나현영 옮김, 오픈하우스, 2013.

아서 단토, 『일상적인 것의 변용』, 김혜련 옮김, 한길사, 2008.

Georg W. Bertram(Hg.), *Philosophische Gedankenexperimente. Eine Lese- und Studienbuch*. Stuttgart, 2012.

Thomas Koebner(Hg.), *Film Klassiker*. Reclam, 2001.

Lotte Eisner, *Fritz Lang*, London, 57~68, 83~94, 111~138, 1976.

_____ , *Die Dämonische Leinwand*. Frankfurt/M. 243~247, 1975.

Tom Gunning, *The Films of Fritz Lang. Allegories of Vision and Modernity*. London, 2000.

포커, 예술작품을 위한 영감인가
혹은 악의 산물인가?*

박동준

포커는 종종 흥미진진한 게임이자 진정한 뇌 스포츠로 간주된다. 또한 많은 예술가의 영감을 자극하는 뮤즈이기도 하다. 이와 같은 예는 최근 영화에서도 볼 수 있다. 2006년 마틴 캠벨Martin Campbell 감독의 영화 <007 카지노 로얄>에서 주인공 제임스 본드 역을 맡은 다니엘 크레이그Daniel Craig가 보여주는 포커의 묘미는 치밀한 계산과 장고를 거듭하여 내린 신의 한 수를 보는 듯하다.

서구 예술사에서 포커는 모든 도박의 중심 소재이기도 함과 동시에 방탕과 악의 관점에서 표현되어 왔다. 그러나 최근 몇 년 동안, 상황의

---

* 이 글은 2015년 10월 24일 연세대학교 유럽사회문화연구소 정기학술대회에서 발표한 자료를 수정 보완한 것임.

변화가 일기 시작했다. 도박 세계를 환상이란 이미지와 엮어 도시 자체를 마치 황금 알을 낳은 관광의 도시로 만드는 일등공신으로 취급하는 경향이 있다. 미국의 라스베이거스와 마카오의 예가 그러하다. 그러나 아무리 휴식과 여가 그리고 예술적 차원에서 도박을 미화해도 그 이면에는 중독과 부패 그리고 인간성 파멸이란 부정적 요소를 지니고 있다. 따라서 이와 같은 도박 세계의 확장은 아주 조심스럽게 다뤄야할 측면이 있다.

여기서는 먼저 도박 특히 포커가 지닌 예술적 영감 및 포커가 지닌 두 가지 측면, 즉 행운에 대한 기대심리와 재능을 겨루는 뇌 스포츠로서의 의미를 폴 세잔느의 <카드놀이 하는 사람>을 통해 차례로 고찰해 보고자 한다.

궁극적으로 포커는 판돈에 행운을 기대하는 도박이자 동시에 여가를 위한 그리고 자신의 재능을 겨루고자 하는 게임이기도 하다. 포커의 이러한 양면성은 곧 바카라, 블랙잭 등 다양한 카드게임뿐만 아니라 경마, 스포츠 로또 등 우연성이 주는 게임에도 유사한 측면이 있다. 이와 같은 게임은 기대하는 행운과 재능의 발휘라는 두 가지 양면성을 지니고 있다. 정보에 대한 분석, 치밀한 계산, 상대방의 심리 분석 등을 전제로 게임하면 상기의 게임은 재능을 발휘하는 놀이가 되지만, 행운만을 기대하면 단순한 도박에 지나지 않는다. 물론 재미를 위해 행운을 기대하는 도박은 여가를 위한 놀이가 될 수 있다. 그러나 이것이 지나치면 중독에 빠지거나 남을 기만하고 속이는 사기꾼이 될 수 있다.

1. 모든 예술가를 위한 진정한 뮤즈인 포커 !

최근에 한 무리의 예술가들이 포커를 예술적 관점에서 게임, 속임수, 돈, 부패, 이 네 가지 요소를 함께 묶어 고찰하기 시작했다면, 또 다른 무리의 예술가는 포커게임의 도구인 카드와 카지노 칩 그리고 녹색 매트가 주는 묘한 분위기와 더불어 카드게임에서 느끼는 긴장감 등을 미학적 차원에 다루고 있다. 이와 같은 현상은 조각, 문학, 영화, 회화 등을 통해 지속하여 표현되어 왔다.

1.1. 조각

몇몇 작가는 조각 작품의 재료로 카드를 사용하기도 한다. 특히 아벨 자차리Abel Zachary가 내놓은 2009년의 포커페이스Poker Faces가 그 하나의 예이다. 그의 창작품은 <수학적 조각>으로 유명하며, 그는 수학적 미를 최대한 보여주고자 하는 작가이기도 하다.

아벨 자차리의 포커페이스Poker Faces

또한 중국 조각가인 리우 지안후Liu Jianhua[1]는 도박이 오늘날 우리 도시를 어떻게 타락시키고 있는지 보여주는 듯하다. 왜냐하면 그는 한 도시를 완전히 칩으로 건설된 도자기 도시로 상상하였기 때문이다. 이 작품은 마치 라스베이거스와 마카오뿐만 아니라 오늘날 사람들이 한탕을 꿈꾸며 사는 대도시의 모습을 연상시키기도 한다.

리우 지안후의 포커칩과 주사위 상하이 풍경Poker Chips & Dice
Shanghai Cityscape

1.2. 문학

문학을 논하는 자는 또한 포커를 이야기한다. 포커는 범죄소설, 탐정 소설, 스파이소설에 반복하여 활용되는 요소이다. 위대한 작가조차

---

1 중국 아티스트 리우 지안후는 '비현실적 장면Unreal Scene'(2008)이라 불리는 포커 칩과 주사위로 된 상하이의 모습을 창조하였다. 이 조각은 이탈리아 토스카나Tuscany 산지미냐노 San Gimignano 갤러리에 전시되었다.

포커에서 영감을 얻기도 한다. 미국 작가 폴 오스터Paul Auster[2]의 소설 <The Music of Chance>(1990)은 내쉬Nashe와 포지Pozzi의 삶의 여정을 그리고 있다. 이 소설은 1993년에 영화화되고, 작가 자신도 출연하였다. 영화는 졸지에 이십만 달러를 상속받은 내쉬가 돈을 모두 탕진하고, 그때 만난 전문 포커 도박꾼과 함께 벌이는 인생 이야기를 그리고 있다. 이 두 주인공은 도박 빚에서 벗어나지 못하자, 음악을 크게 튼 채 차를 과속으로 몰며 스스로 죽음을 택한다.

폴 오스터의 소설 < The Music of Chance > (1990)

---

2 폴 벤자민 오스터 Paul B. Auster (1947년 2월 3일 출생)는 부조리, 실존주의, 범죄를 다룬 미국 작가이다. 그의 작품은 The New York Trilogy (1987), Moon Palace (1989), The Music of Chance (1990), The Book of Illusions (2002), The Brooklyn Follies (2005) 등으로 40개 이상의 언어로 번역되었다.

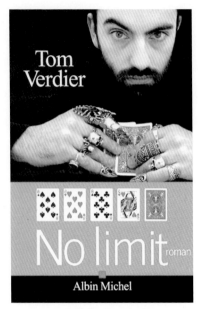

SONATINE Nolan Dalla, Peter Alson

Joueur né

Stu Ungar, le plus grand
joueur de poker du monde

노 리미트(No Limit) 타고난 도박자, 스튜 웅가르,
이 세상에서 가장 위대한 도박가

　도박이란 주제는 또 다른 작가의 작품의 경우 더욱더 암울한 세계를
묘사하는 데 사용되기도 한다. 게임은 인물 간의 균열, 인간 영혼의
나약함, 환경의 폭력성을 적나라하게 보여준다. 프랑스 작가 톰 베르
디에 Tom Verdier[3]의 소설 <No Limit>(2008)에서, 엔지니어 학생인 주인
공이 어느 날 저녁 우연히 포커게임의 일종인 텍사스 홀 덤 No limit Texas
Hold'em의 재미에 빠져, 그 후 전문 도박꾼이 되어 이곳에서 벗어나지

---

3 톰 베르디에 Tom Verdier, 프랑스 출신 작가 겸 포커 도박가, 2008년 알랭 미셸
　출판사에서 첫 소설 <No Limit>로 시작하여 2011년에 <Lucie dans le Ciel>를
　저술하였다. <여기 지금>이라는 라디오 방송을 진행하기도 하였다.

못하는 이야기를 담고 있다.

작가 놀란 달라Nolan Dalla와 피터 엘선Peter Alson의 공동 작품인 <타고난 도박자, 스튜 웅가르, 이 세상에서 가장 위대한 도박가Joueur-Né : Stu Ungar, le plus grand joueur de poker du monde>에서 스튜 웅가르Stu Ungar[4]는 마피아와 관련된 일자리를 찾아 겨우 21살의 나이로 라스베이거스에 도착한다. 그는 빠른 시간 내에 첫 백만 달러를 따게 된다. 포커 세계 챔피언을 세 번 획득한 그는 그러나 헤로인과 같은 마약에 빠져 중독되고 결국 1998년 44살의 나이로 사망한다.

1.3. 영화

영화는 포커를 중심으로 매우 대중적이면서 흥미로운 상상을 만들어 내는 데 기여하여 왔다. 미국 서부극에 등장하는 술집에는 항상 어느 한 구석에 포커 게임을 하는 사람을 볼 수 있다. 그리고 라스베이거스와 마카오 카지노의 녹색 매트 주변에는 뜨거운 열기를 느낄 수 있다.

홍콩영화 저우룬파 주연의 <도신> 시리즈를 비롯하여, 한국판 포커인 화투와 포커를 소재로 만든 만화 <타짜>(김세영 글, 허영만 그림) 중 1부 <지리산 작두>, 2부 <신의 손>이 각각 영화 <타짜>, <타짜:

---

[4] 스튜아르 에롤 웅가르Stuart Errol Ungar(1953년 9월 8일 출생 - 1998년 11월 22일 사망), 일명 스튜라 불린다. 포커와 더불어 몇몇 도박 게임 분야에서 한때 최고 실력자였다. 자니 모스Johnny Moss와 더불어 역대 월드 시리즈 포커대회 메인이벤트에서 3회 우승하고, 슈퍼 볼 포커게임에서 역시 3회 우승하였다.

신의 손>으로 만들어졌다. 이와 같이 포커는 제7의 예술인 영화의 소재로서 오래 전부터 각광을 받아왔다. 그 몇 가지 예는 다음과 같다.

1. 신시내티의 도박사 The Cincinnati Kid (1965), 주연: 스티브 맥퀸 Steve McQueen		
2. 작은 여인의 큰손 A big hand for the little lady (1996), 주연: 헨리 폰다 Henry Fonda		
3. 스팅 The Sting (1973), 주연: 로버트 레드포드 Robert Redford, 폴 뉴먼 Paul Newman		

4. 캘리포니아 스플 릿California Split (1974), 주연: 조지 시걸George Segal	
5. 마베릭Marverick (1996), 주연: 멜 깁슨Mel Gibson, 조디 포스터 Jodie Foster	 
6. 007 카지노 로얄 Casino Royale (2006), 주연: 다니엘 크레이그Daniel Craig	 
7. 럭키 유Lucky You (2007), 주연: 에릭 바나 Eric Bana, 드류 베리모어 Drew Barrymore	

1.4. 회화

조각, 문학, 영화뿐만 아니라 연극과 사진 등과 같은 분야도 포커를
소재로 작품을 만들어 왔다. 한편 포커는 회화 영역에서 아주 오래
전부터 많은 화가에게 작품의 영감을 준 소재이자 주제이기도 하다.
그럼에도 불구하고 세잔을 제외한 대부분의 화가가 그린 작품은 포커
가 지닌 악마적인 측면을 강조하고 있다.

2. 포커는 회화에서 영감의 샘

2.1. 회화에서 영감의 샘인 포커

회화에서 포커란 주제를 다룬 작품 수는 많지 않다. 그러나 포커는
분명 위대한 많은 화가에 영감을 준 것은 사실이다. 많은 사람이 <욕
망이란 이름의 전차 A Streetcar Named Desire> (1951) (주연: Vivien Leigh,
Marlon Brando, Kim Hunter, Karl Malden)란 영화와 연극은 알고 있을
것이다. 그러나 이 작품을 1948년 토마스 하트 벤톤 Thomas Hart Benton이
회화로 남긴 것을 기억하는 사람은 드물다. 1947년 이 작품이 연극으
로 초연되기 전에 제작자인 데이비드 오 셀즈니크 David O. Selznick가 벤
톤에게 자신의 부인인 아이랜느 Irene에게 바치기 위해 주문한 것이었
다. 자신의 아내가 이 연극의 실질적인 제작자였기 때문이다. 그리고
1951년 엘리아 카잔 Elia Kazan의 연출로 이 작품은 영화로 제작되고,
작가인 테니스 윌리암스 Tennessee Williams는 퓰리처 상 prix Pullitzer을 두
번이나 수상하게 된다.

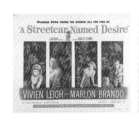  

욕망이란 이름의 전차

벤톤은 자신의 작품을 <포커 나이트 Poker Night>로 이름 붙이고, 그의 다른 작품과 마찬가지로 뒤틀린 선을 바탕으로 묘사한다.

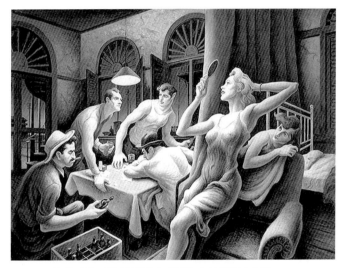

욕망이란 이름의 전차, 뉴욕 위트니 박물관 소장

회화 속 탁자의 세 사람은 포커게임을 하고 있다. 영화 속 주인공인 마론 브란도 Marlon Brando는 이 작품 속에서 미국 텍사스의 전형적인 모자를 쓰고 있고, 제시카 Jessica는 속옷 차림에 거울을 쳐다보고 있다. 이 두 사람은 이 작품을 좋아하지 않았다. 특히 제시카는 작품 속 자신의 모습이 너무 가볍고 선정적이라 여겨 이 작품을 좋아하지 않았다. 이 회화작품도 포커가 주는 환경의 폭력성과 선정성을 노출하고 있기 때문이다.

2.2. 견공과 포커

카시우스 마르셀루스 쿨리지의
<그의 역과 네 장의 에이스His
Station and Four Aces>, 1903

<워털루Waterloo>, 1906

포커는 인간에게만 한정된 놀이는 아닌가보다. <포커 하는 개Dogs Playing Poker>는 미국의 화가 카시우스 마르셀루스 쿨리지[5]가 그린 16장의 유화이다. 이 시리즈 가운데 9편의 작품은 '브라운 & 비가로Brown & Bigelow'란 담배회사의 의뢰로 판촉 홍보를 위해 제작된 그림이다. 이들 그림은 의인화한 개를 주인공으로 하고 있는 것이 특징이다. 그 중 개가 놀이용 테이블 주위에 앉아있는 9장의 그림은 미국에서 브라운 & 비가로 담배의 지명도를 높이려는 시도였으나, 전체적인 분위기

---

[5] 카시우스 마르셀루스 쿨리지Cassius Marcellus Coolidge(1844년 9월 18일 출생
– 1934년 1월 13일 사망). 미국인 화가로서, '포커 놀이하는 개'라는 9편의 의
인화 시리즈 작품으로 유명하다. 뉴욕 주 북부 출신으로, 시대의 화풍을 따르지
않았던 그는 지역 신문 만화를 20세에 그리기 시작했다.

가 주로 노동자 계급이 꾸미는 집의 취향을 그대로 드러내고 있다하여 조롱의 대상이 되기도 하였다.

작가의 1910년 이후 작품은 카라바조, 라투르, 세잔 등의 화가가 그린 포커게임을 하는 사람들의 작품을 모델로 하고 있는 것도 있다.

2.3. 행운을 위한 게임 혹은 재능을 겨루는 게임인 포커

16세기 초부터 지금까지 포커게임하는 사람들을 소재로 꾸준한 작품들이 있어 왔다. 19세기 전까지의 작품들을 카드 게임과 연계하여 해석해 보면, 일련의 작품은 단순히 당시 생활 풍속을 알 수 있게 하는 측면이 있다. 이들 작품은 회화에서 추출할 수 있는 흥미로운 해석과 분석의 한계를 지니고 있다.

(가) 피테르 데 호흐 Pieter de Hooch (1629-1684, 17세기 네덜란드 화가)의 카드 놀이꾼 Les joueurs de cartes, 1660.

(나) 자곱 뒤크 Jacob Duck (17세기 네덜란드 화가)의 여관에서 카드 놀이하는 병사들 Soldats jouant aux cartes dans une auberge)

(다) 테오도르 룸바우트 Theodor
Rombouts (17세기에, 플랑드르
바로크 화가)의 카드 놀이하는
사람들 Joueurs de cartes, 1670

(라) 장바티스트시메옹 샤르댕 Jean
Siméon Chardin(18세기 프랑스 화가)
의 카드의 성 Le chateau de cartes,
1736~37. 영국 국립갤러리 소장

(마) 윌리엄 시드니 마운트 William
Sidney Mount(19세기 미국화가)의
카드 놀이꾼 Joueurs de cartes, 1840

(바) 제오르즈 크로에가에르 Gerorges
Croegaert (1848~1923 벨기에
화가)의 '난처 Perplexed', 1880

(사) 미켈란젤로 메리시(카르바조 Le Caravage라 불리는
Michelangelo Merisi, 17세기 이탈리아 화가)의
사기꾼 Le tricheur, 1595

(아) 조르지 드 라 투르Georges de La Tour(17세기 프랑스 작가)의 '다이아몬드
에이스를 가진 사기꾼', 1647

　반면에 '사기꾼'이란 제명을 가진 작품(그림자료 사, 아)은 작품에
대한 호기심을 유발할 뿐만 아니라 관련하여 다양한 해석을 유발하고
있다.

(자) 2012, 2억5천만 달러에 팔린 폴 세잔의 '카드놀이 하는 사람'

카라바조라 불리는 미켈란젤로 메리시가 1594년에 그린 '사기꾼'
(그림 사)은 프란시스코 델 몬트Francisco Maria Del Monte 추기경이 주문
한 작품이다. 조셉 레오나르드 골드스타인Joseph Leonard Goldstein[6]은 포
커란 주제를 다룬 작품의 유사성을 과학적 연구로 분석하면서, 카라바
조의 '사기꾼'(그림자료 사), 라 투르의 '다이아몬드 에이스를 가진 사
기꾼'(그림자료 아), 세잔의 '카드 놀이꾼'(그림자료 자), 이 세 작품에
관심을 가졌다. 그의 글에서 골드만은 카라바조와 조르지 드 라 투르
Georges de La Tour (1593~1652)의 작품에서 보듯이 14세기 말경에 프랑
스와 이탈리아에서 카드놀이는 매우 인기 있는 일상적인 놀이가 되었

---

[6] 조셉 레오나르드 골드스타인Joseph Leonard Goldstein은 생물 및 유전학자로 의
학 노벨상을 수상하였다.

고, 속임수가 재능보다 우위에 있음을 지적하고 있다. 카라바조의 '사기꾼'이란 주제는 1635년 라 투르에 의해 '다이아몬드 에이스를 가진 사기꾼'으로 재탄생된 것이다. 여성과 포도주와 게임의 유혹을 보여주는 라 투르의 작품은 사실 누가 진정한 사기꾼인지 구별하기 쉽지 않다. 그림 속에 등장하는 인물들은 각기 다른 곳에 시선을 두면서 게임을 하고 있다. 하녀가 포도주를 따라주고 있는 화류계의 여성은 사선으로 하녀를 바라보고 있다. 그러나 하녀는 에이스를 숨기고 있는 남자를 쳐다보고 있다. 화류계의 여성은 하녀의 시선을 통해 남자의 속임수를 읽고 있는 듯하다.

한편 혼자 카드를 꼭 쥐고 있는 여성의 시선 역시 남성을 향하고 있다. 그녀도 이 남성이 속임수를 쓰고 있음을 감지하고 있는 듯하다. 이 장면에 이어 누가 먼저 어떤 말이나 행동을 할 것인지 궁금증을 자아낸다. 라 투르에 관한 한 기록에 의하면 그는 상당한 재산가였다. 또한 그는 폭력을 휘두르는 고리대금업자였고, 하인에게 도둑질을 시키는 등 악행을 일삼았다고 한다. 이 때문에 라 투르는 그의 회화 작품 속에 등장하는 인물의 심리를 그 누구보다 잘 알고 잘 표현하고 있는 듯하다. 일상을 주제로 한 그의 풍속화를 보면 거짓과 속임수가 난무한 세상의 일면을 라 투르는 날카롭게 꿰뚫고 있다. 이 작품에서도 이와 같은 특징을 발견할 수 있다.

폴 세잔의 '카드놀이 하는 사람'이란 작품에서는 전혀 다른 분위기가 연출되고 있다. 즉 이 작품에서는 앞서 언급한 속임수와 기만이 난무한 모습이 아니라 팽팽한 긴장감 속에 서로의 재능을 겨루는 모습이 연출된다. 폴 세잔은 '카드놀이 하는 사람'이란 주제로 포커가 주는 다양한 분위기를 연출하고 있다. 앞서 본 카라바조의 '사기꾼', 라 투르의 '다이아몬드 에이스를 가진 사기꾼'이란 작품은 돈을 따기 위해 행운을 기대하고 있다. 이를 위해 가능한 모든 속임수를 사용하고 있는 반면에 폴 세잔의 작품에 등장하는 인물은 진지한 표정을 짓고 있다. 더구나 카라바조와 라 투르의 작품 속의 탁자에는 돈이 놓여있는 반면에, 폴 세잔의 회화 속 탁자 위에는 포커게임에서 흔히 볼 수 있는 돈이나 칩이 보이지 않는다. 그럼에도 불구하고 회화 속에서 느끼는 긴장감은 어디서 비롯된 것일까?

(차) 5명이 등장하는 '카드놀이 하는 사람' (카) 4명이 등장하는 '카드놀이 하는 사람'

(타) 2명이 등장하는 '카드놀이 하는 사람' (파) 2명이 등장하는 '카드놀이 하는 사람'

2012년 카타르의 왕족이 2억5천만 달러를 주고 구입한 폴 세잔의 '카드놀이 하는 사람'(그림자료 자) 외에 같은 주제의 작품이 네 편 더 있다. 이 작품들은 1890~1895년에 제작된 것으로 추정되며, 이 시리즈의 다른 작품은 뉴욕 시립 미술관과 파리의 오르세 미술관, 런던의 코톨드 미술연구소 Courtauld Institute of Art에 있다. 이 작품에 등장하는 카드놀이 하는 두 인물은 프랑스 엑상프로방스 Aix-en-Provence 인근에 위치한 세잔의 소유지에서 일하는 고용인으로 추정되며, 파이프를 물고 있는 왼쪽의 인물은 농부인 페르 알렉산드르 Père Alexandre이며 오른쪽의 인물은 정원사인 폴랭 폴래 Paulin Paulet이다.

카드게임을 하고 있는 이 두 인물은 서로 상대를 쳐다보지 않은 채 오직 카드에만 집중하고 있다. 이 작품은 '집단과 고독'을 보여주고 있다고 마이어 샤피로 Meyer Shapiro는 언급하고 있다. 골드스타인은 앞서 본 '사기꾼'이란 작품과 '카드놀이 하는 사람'의 작품을 비교해 볼 때 정말 충격적이라고 언급하고 있다. "카라바조의 걸작과는 달리, 세잔의 시리즈는 어떤 부정행위도 이곳에서 보여주지 않는다. 테이블에는 돈과 같은 내기를 위한 어떠한 것도 없고, 극적인 어떠한 요소도 없고, 이면의 어떠한 공작도 없고, 사치스러운 어떠한 의상도 없다. 세잔은 명백하게 아주 심각한 주제로서 카드놀이를 보여주고 있다. 그에게 열쇠는 집중이다. 카라바조에서와 같이 산만하거나 부정행위가 없을 때 행운은 중요한 의미를 지니지 않는다. 회화 속 인물들이 몰입하는 모습을 비교해 보면, 카라바조의 경우 기회를 잡는 쪽에 관심이 기울어져 있다면, 세잔은 카드놀이의 재능에 관심을 두고 있다."[7]

3. 결론

독일 작가 오토 딕스의 '카드게임 하는 사람들'이란 다음의 작품은 1920년 일차 세계대전이 끝난 후 그려진 작품이다. 회화 속에 등장하는 이 세 사람은 모두 전쟁 영웅으로 입이 부서져 있고, 이 가운데 한 인물은 철십자 훈장을 달고 있다. 그러나 칙칙하고 어두운 배경은 이

오토 딕스Otto Dix (20세기 독일화가)의 카드게임 하는 사람들 Les joueurs de cartes, 1920

들의 영웅적 모습과는 대조를 이루고 있으면서, 이들의 기괴한 모습 그 자체는 부조리한 전쟁을 고발하고 있다.

폴 세잔의 '카드놀이 하는 사람'의 작품이 높은 가격과 더불어 높이 평가되는 이유는 바로 이와 같은 점이 아닐까 한다. 즉 유희이자 도박게임인 포커가 인간성의 파괴, 환경의 폭력, 퇴폐적 향락과 맞물린 일반적인 주제가 아니라, 두 노동자가 일상 속에서 자신의 재능만으로 진지하게 집중하며 시간을 향유할 수 있는 소재로서 포커가 쓰였다는

---

7 http://fr.pokerlistings.com/le-poker-source-inspiration-dans-la-peinture-67032

점이 아닐까 한다.

■ 참고문헌

L. Venturi, *Cézanne, son art, son oeuvre*, Paris, 1936, 2 vol

Nolan Dalla, *Joueur-Né - Stu Ungar, le plus grand joueur de poker du monde*,
　　Broché, 2008.

Picon G., *Tout l''oeuvre peint de Cézanne*, Paris, Flammarion, 1975

http://zacharyabel.com

https://kr.pinterest.com

▌찾아보기▐

(ㄱ)

가능성__35
가능세계론__143
가장무도회__119
갈릴레오 갈릴레이__141
감성의 문화__76
거다 리스__29, 47, 50, 54
검은 사각형__149
게임 산업__42
게임의 세계__50
경기__113
경쟁__73
계산화폐__57
고대 그리스__57
귀족적 도박__51
금전 만능주의__55
금전 추구__47
꿈의 해석__153

(ㄴ)

나눔로또__20
내쉬__169
노는 것__131
노름__134, 135
노베르트 자크__152
논증__33
놀란 달라__171
놀이__109, 113, 134
놀이의 타락__74
뉴욕 시립 미술관__183

(ㄷ)

대안화폐__62
도박 동기__42
도박 중독__26, 42
도박 중독자__61
도박 트라우마__67
도박 판단 기준__25
도박 판돈__23
도박__29, 128
도박공화국__5
도박사 마부제 박사__140
도박운__98
도박장__50
도박죄__22
돈의 기원__56, 57
돈의 원형__60, 61
드와이어__37

(ㄹ)

레츠__65
로또__18
로제 카이와__72, 84, 93, 103, 114
루두스__112
루이스 캐럴__150
룰렛 게임__52
리우 지안후__168

(ㅁ)

마부제 박사의 유언__140
마부제 박사의 천개의 눈__140

마이어 샤피로__183
마흐__141
모네타__57
모의__73
무신론자__32
무작위성__35
문화적 변화기__72
물질만능주의__60
미미크리__73, 113
미켈란젤로 메리시__180
미하엘 엔데__62

(ㅂ)
뱅상__41, 43
버나드 리테어__55, 58, 61, 62, 64
변신__149
별도의 활동__75
복권__18
부르주아적 도박__51
불가지론자__32
브라운 & 비가로__176
브릴로박스__149
블레즈 파스칼__32
빈 모더니즘__102
빈곤__61

(ㅅ)
사기꾼__179
사행산업__20
샘__149
소셜뱅크__65
수메르__57
수학적 조각__167

슈테판 츠바이크__75, 76, 83
스노비스트__14
스튜 웅가르__171
스페이드 여왕__119

(ㅇ)
아곤__73, 84
아르투어 슈니츨러__75, 76, 94, 103
아리스토텔레스__109
아벨 자차리__167
아서 단토__145, 146
안나 여제__116
안정의 세계__95
알레아__73, 93, 95
알렉산드르 푸시킨__119
어제의 세계__76
에르빈 슈뢰딩어__142
엑상프로방스__183
엘리자베타 여제__116
여명 속의 도박__94, 103
예카테리나 2세__116
오락__47
오르세 미술관__183
오토 딕스__184
온라인 불법도박__66
올림픽 후원권__19
완전한 무__88
요제프 브로이어__152
요쿠스__112
요한 하위징아__71, 110, 114
욕망이란 이름의 전차__174
우연__15, 30, 73
우연의 세계__50

위대한 어머니상__58, 59, 61
유리 로트만__118
유희 동기__44
음의 화폐__62, 63
이상한 나라의 앨리스__150
인간유희__158
일링크스__73, 103, 113

(ㅈ)
장 보드리야르__36, 51
절대적 교환가치__56, 57, 61, 62, 67
정신착란__158
제비뽑기__31
제우스__30
조르조네 다 카스텔프랑코__146
조르지 드 라 투르__181
주사위 게임__30
지그문트 프로이트__152
진지함__85
진지화__85

(ㅊ)
체스__83, 85, 103
체스중독증__90
초록 앵무새__78, 103
초모던적__14

(ㅋ)
카드게임 하는 사람들__184
카드놀이 하는 사람__166, 181, 183
카시우스 마르셀루스 쿨리지__176
카지미르 세베리노비치 말레비치__149
칼 쇼르스케__76

코톨드 미술연구소__183

(ㅌ)
탐욕__61
테아 폰 하르보우__152
토마스 하트 벤튼__174
톰 베르디에__170
트라우마__42
티코 브라헤__144

(ㅍ)
편집광적 증상__92
포세이돈__30
포지__169
포커 나이트__175
포커 하는 개__176
포커페이스__167
폴 세잔느__166, 181
폴 오스터__169
표도르 미하일로비치 도스토옙스키
__51
표트르 1세__116, 118
표트르 대제__116
프란츠 카프카__149
프로스페르__79
프리츠 랑__140
프톨레마이오스__141
피터 엘선__171

(ㅎ)
하데스__30
헤저드__128
현기증__73

호모 알레아토르__30

확률__15

확률론__143

회피 동기__44

흥분 동기__44

히스테리 연구__152

▎저자 소개 ▎

이경희

연세대학교 철학과를 졸업하고 동 대학교에서 박사학위를 받았으며, 서울대학교 Post-Doc, 연세대학교 연구교수와 한양대학교 강의교수를 거쳐 현재 연세대학교 인문학연구원 전문연구원, 연세대·상명대·중앙대 외래교수. 한남대학교 산학협력단 전임연구원으로 있다. 저서로는 『서양근대철학의 열 가지 쟁점』, 『서양근대윤리학』, 『서양근대미학』, 『서양근대종교철학』, 『윤리적 자아와 행복한 삶』(이상 공저) 등이 있으며, 역서로는 『오캄철학선집』, 논문으로는 「데까르뜨의 동물론에서 자동기계와 감각의 문제」, 「데까르뜨의 도덕론에서 고통과 배고픔의 문제」, 「데까르뜨의 도덕론에서 관대함과 사랑의 문제」, 「Individual and Community」, 「계몽과 성」 등이 있다.

조성애

연세대학교 불어불문학과를 졸업하고 프랑스 파리 제3대학교 (소르본누벨 대학교)에서 에밀 졸라 연구로 불문학박사 학위를 받았다. 연세대학교 등에서 강의를 했으며, 현재 연세대학교 유럽사회문화연구소 전문연구원으로 에밀 졸라, 축제, 공간에 대해 연구하고 있다. 저서로는 『공간 어떻게 읽을 것인가』, 『목로주점−불안의 시대, 파리를 살아간 인간군상의 기록』, 『자연주의 미학과 시학』, 『사회비평과 이데올로기 분석』, 『축제문화의 제 현상』(공저), 『축제문화의 본질』(공저), 『프랑스 작가, 그리고 그들의 편지』(공저) 등이 있으며, 역서로는 『쟁탈전』, 『중세미술』, 『소설분석』, 『유토피아』, 『상투어』, 『사실주의 문학의 이해』 등이 있다.

김성현

덕성여대 독어독문학과를 졸업하고 연세대학교에서 『낭만주의와 페미니즘−독일 낭만주의 '다시 읽기'』로 박사학위를 받았으며, 현재 덕성여대와 연세대에서 강의하고 있다. 논문으로는 「섹슈얼리티와 폭력의 미학」, 「카니발리즘−욕망과 비판의 메타포」, 「『계몽의 변증법』의 문학적 형상화」, 「안드로기니: 이상적 미의 형상화」 등이 있고, 역서로는 『문화이론과 문학연구』(공역), 『문화학과 퍼포먼스』(공역), 『매체이론』(공역), 『예술·매개·미학』(공역) 등이 있다.

이경희
한국외국어대학교 노어과를 졸업하고, 러시아과학아카데미 언어학연구소에서 의미통사론 분야로 박사학위를 받았으며, 현재 한국외국어대학교 등에서 강의하고 있다. 논문으로는 「포스트소비에트 여성문학의 어휘분석」, 「러시아 과학환상소설에 나타나는 신어 연구」, 「어휘·통사 층위에 나타나는 언어문화적 변이」 등이 있으며, 역서로는 『러시아 여성의 눈』, 『러시아 추리작가 10인 단편선』, 『세상에 알려지지 않은 북아시아 설화집』 등이 있다.

유봉근
연세대학교 독어독문학과를 졸업하고 베를린 훔볼트대학교에서 박사학위를 받았으며, 현재 연세대학교 미디어아트연구소 전문연구원으로 미디어와 예술 미학 분야의 강의와 연구를 진행하고 있다. 저서 및 역서로는 『시각기계의 문명사』(공저), 『수행성과 매체성―21세기 인문학의 쟁점』(공저), 『매체윤리』(공역) 등이 있으며, 논문으로는 「지식의 질서와 네트워크」, 「레만의 포스트드라마 연극론에서 수행성과 매체성의 문제」, 「라투르의 대칭성 인류학과 백남준의 예술미학」 등이 있다.

박동준
한양대학교 불어불문학과를 졸업하고 프랑스 낭트대학교에서 문학박사학위를 받았으며, 현재 연세대학교 유럽사회문화연구소 전문연구원, 교육부 인문사회 교육기부 컨설팅단장, 축제기획 및 청소년 창의인성 교육프로그램 개발 전문가로 활동하고 있다. 저서로는 『육도를 넘나본 수미산』, 『축제와 엑스터시』 등이 있으며, 역서로는 『현대교육을 확립한 15인의 교육가』 등이 있다.